작은아버지 이순신

작은아버지 이순신
이충무공행록

2019년 10월 30일 초판 1쇄 찍음
2019년 11월 10일 초판 1쇄 펴냄

지은이   이분
옮긴이   김해경
펴낸이   이상
펴낸곳   가갸날
주 소   10386 경기도 고양시 일산서구 강선로 49, 402호
전 화   070-8806-4062
팩 스   0303-3443-4062
이메일   gagyapub@naver.com
블로그   blog.naver.com/gagyapub
페이지   www.facebook.com/gagyapub
디자인   노성일 designer.noh@gmail.com

ISBN   979-11-87949-42-8 (03990)

이 도서의 국립중앙도서관 출판예정도서목록(CIP)은 서지정보유통지원시스템
홈페이지(seoji.nl.go.kr)와 국가자료공동목록시스템(www.nl.go.kr/kolisnet)에서
이용하실 수 있습니다. CIP 제어번호 : CIP2019039497

작은아버지 이순신

이충무공행록

이분 지음

일러두기

- 이 책의 번역 자료는 국립중앙도서관에서 소장하고 있는 《이충무공전서》李忠武公全書(1795) 원문정보 데이터베이스를 이용하였다. 앞서 작업이 이루어진 이광수, 박태원, 이은상 등의 번역에 힘입은 부분이 크며, 참고자료의 번역에서도 여러 사람의 도움을 받았다. 인용한 참고자료는 책의 말미에 부기해 두었다. 이 책은 이순신의 조카 이분이 지은 《행록》行錄(이충무공행록)의 한글 번역본이면서 당대에 제3자가 쓴 이순신 관련 전기자료의 집대성이라는 의미를 갖는다. 오늘의 젊은 독자를 위한 새로운 번역본이 될 수 있도록 유념하였다.

- 이 책에서의 날짜는 원문의 표기대로 모두 음력을 사용하였으며, 간지로 표기된 연도는 서기로 바꾸었다.

- 이순신을 가리키는 원문의 표기는 대부분 '공'公으로 되어 있다. 번역문에서는 '공'을 이순신으로 바꾸는 등 등장인물의 표기를 객관적 역사서술이 되도록 유의하였다.

- 독자의 이해를 돕기 위해 필요한 부분에는 주석을 달았다. 시각자료를 포함한 이유도 같은 맥락에서다.

이
충
무
공
행
록

이순신은 1545년(인종 원년, 가정嘉靖 24년)* 3월 8일(양력 4월 28일) 자정 무렵子時 한성 건천동** 자택에서 탄생하였다.

이순신을 보고 점쟁이가 말하였다.

"이 아이는 나이 50이 되면 북방에서 부월斧鉞***을 손에 쥐는 대장이 될 것이다."

---

*   가정嘉靖은 명나라 11대 황제 세종世宗 가정제嘉靖帝의 연호. 가정 24년 을사년은 조선 인종 원년에 해당한다.

** 지금의 서울 중구 인현동. 허균의 기록에 의하면 그의 집이 건천동에 있었는데, 그 일대의 가옥은 모두 34채였다고 한다. 유성룡은 이순신과 같은 건천동에 살았다. 《선조실록》에는 "이순신은 같은 동네 사람이라서 신이 어릴 때부터 잘 압니다" 하고 유성룡이 선조에게 말하는 대목이 실려 있다. 유성룡은 이순신보다 나이가 3살 위였다. 같은 수군 장수로 이순신과 경쟁 관계였던 원균도 건천동에서 살았다는 게 이채롭다.

*** 출정하는 장수에게 임금이 손수 주던 작은 도끼와 큰 도끼. 장수의 통솔권을 상징한다.

이순신이 태어날 때 어머니의 꿈속에 이순신의 할아버지 李百祿가 나타나 일렀다.

"이 아이는 모름지기 귀하게 될 터이니, 반드시 이름을 순신舜臣*이라고 지어라."

이순신의 어머니는 자신의 남편李貞에게 꿈 이야기를 알렸다. 그리하여 순신이라고 이름 짓게 되었다.

어린 이순신은 아이들과 더불어 전쟁놀이를 하며 놀았다. 그럴 때면 동무들은 모두 이순신을 장수로 받들었다.

처음에는 큰형, 작은형을 따라 유학을 공부하였다. 재주가 뛰어나 학자로 성공할 수 있었으나, 늘 붓을 던져버리고 군인이 되고 싶어하였다.

스물두 살 되던 해 겨울에 때 비로소 무예를 배우기 시작하였다. 동료들 가운데는 완력이나 말타기, 활쏘기에서 그를 따를 자가 아무도 없었다. 이순신은 성품이 고결하고 늠름하였다. 그리하여 같이 어울리던 무사들이 자기네끼리는

---

* 이순신은 4남1녀 가운데 셋째 아들로 태어났다. 남자 형제들의 이름 돌림자는 '신'臣으로, 맏형은 희신羲臣, 둘째 형은 요신堯臣, 아우는 우신禹臣이다. 중국의 삼황오제三皇五帝인 복희씨伏羲氏, 요堯, 순舜, 우禹에서 따온 이름이다.

이순신의 자字는 여해汝諧요, 덕수德水* 사람이다. 선조 이변李邊은 벼슬이 판부사判府事에 이르렀는데, 강직한 사람으로 이름이 났다. 증조부 이거李琚는 성종을 모셨으며, 세자 연산군의 강관講官이었다. 하지만 너무 엄하여 꺼림을 받았다. 일찍이 장령掌令이 되어 탄핵 받는 것을 두려워하지 않았으므로, 관료들이 그를 호랑이 장령이라고 불렀다. 할아버지 이백록李百祿은 가문의 덕으로 과거를 보지 않고 벼슬하였으며, 아버지 이정李貞은 벼슬길에 나가지 않았다.　　　　　　　─《징비록》

이순신은 어린 시절부터 영특하고 활달하였다. 아이들과 놀 때는 나무를 깎아 만든 활을 항상 지닌 채 동네를 쏘다니다가 자신의 뜻에 거슬리는 사람을 만나면 그 사람의 눈을 쏠 듯이 하였다. 나이 든 사람들도 이 같은 상황을 꺼려 이순신의 집 문앞을 함부로 지나지 못하였다.　　　　　　　─《징비록》

* 　이순신은 덕수이씨德水李氏다. 본관인 덕수는 덕수현을 가리키며,
　지금의 북녘땅 개풍군 지역에 해당한다. 이순신의 5대조인 이변은
　정1품 벼슬인 영중추부사領中樞府事, 증조부 이거는 정3품 병조참의를
　지낸 가문이었다. 하지만 이순신의 할아버지 이백록이 조광조의
　기묘사화에 연루되어 죽임을 당하고 아버지는 벼슬을 하지 못하였기
　때문에, 이순신이 태어났을 때는 가세가 크게 기울어 있었다.

종일 농담을 주고받고 희롱하면서도, 이순신에게만은 감히 '너, 나' 하지 못하고 언제나 공경하였다.

이순신은 스물여덟 살 되던 해 가을에 훈련원 별과 시험을 보았다. 달리던 말이 거꾸러지며 땅에 떨어진 그는 왼쪽 다리뼈가 부러졌다. 지켜보던 사람들은 모두 이순신이 죽었다고들 말하였다. 하지만 그는 한쪽 발로 일어서서 버드나무 가지를 꺾어 껍질을 벗겼다. 그리고 버드나무 껍질로 부러진 다리를 싸맸다. 시험장에 있던 사람들 모두가 그를 장하게 여겼다.

이순신은 서른두 살 봄에 정기 무과시험式年試 병과丙科에 합격하였다. 그는 무과 경전을 읽고 뜻을 풀이하는 데 막힘이 없었다. 이윽고 황석공黃石公의 고사*에 이르자 시험관이 물었다.

"장량張良이 적송자赤松子를 따라가 놀았다고 하였으니, 장량은 과연 죽지 않았을까?"

---

* 한나라 시조 유방劉邦을 도와 천하를 평정한 장량은 자신을 보존하고 명대로 살다가 평안히 죽는 것은 욕심을 버리는 것이라고 믿었다. 그리하여 유후 벼슬에 만족하며, 적송자를 따라 상산商山으로 들어가 신선이 되어 노닐었다고 전한다.

충무공의 부인은 상주방씨다. 그의 부친 방진方震은 보성군수를 지냈다. 부인은 어려서부터 영민하고 슬기로웠다. 열두어 살 되었을 때 화적떼가 집안으로 쳐들어온 일이 있었다. 방진이 화적들에게 활을 쏘다가 화살이 다 떨어져가자, 방안에 있는 화살을 가져오라고 소리쳤다. 하지만 계집종이 화적들과 내통하여 몰래 화살을 훔쳐냈기 때문에, 남은 화살이 하나도 없었다. 이때 부인이 "여기 있습니다" 하고 큰 소리로 대답하며, 급히 베틀에 쓰는 뱁대 한 아름을 마루 위로 던졌다. 그 소리가 마치 화살 쏟아지는 소리 같았다. 화적들은 본래 방진이 활을 잘 쏘는 것을 두려워하던 터였다. 그래서 화살이 아직 많이 있는 줄 알고 놀라 도망치고 말았다.*

— 〈방부인전〉(《이충무공전서》권14)

---

*   유학을 공부하던 이순신이 무인의 길을 걸은 이유는 명확하지 않다. 이순신은 스물한 살 때 장가를 들었는데, 장인은 보성군수를 지낸 무인 방진이었다. 장가를 든 다음해부터 무예를 익히기 시작한 것으로 보아 장인의 영향을 짐작할 수 있을 뿐이다. 이순신의 부인에 대해서는 알려진 것이 많지 않은데, 《이충무공전서》에 아주 짧은 기록이 남아 있다.

이순신이 대답하였다.

"삶에는 반드시 죽음이 있기 마련입니다. 《자치통감강목》*에도 '임자년壬子年에 유후留侯 장량이 죽었다고 하였으니, 어찌 신선을 따라갔다 하여 죽지 않았을 리가 있겠습니까? 그것은 다만 공연한 말일 따름입니다."

그러자 시험관들은 서로 쳐다보며 탄복하였다.

"이것을 어찌 무인이 알 수 있다는 말인가."

이순신은 벼슬길에 오른 영광을 아뢰기 위해 조상의 묘에 성묘하러 갔다. 무덤 앞에 세운 석인상石人像이 넘어져 있는 것을 보고, 하인 수십 명을 시켜 일으켜 세우게 하였다. 하지만 돌이 무거워 여럿의 힘으로도 돌을 움직일 수 없었다. 이순신이 하인들을 꾸짖어 물러서게 하고는 웃옷을 벗지도 않은 채 돌을 등에 지고 힘을 쓰니, 석인상이 갑자기 벌떡 일어섰다. 보고 있던 사람들이 힘으로만 할 수 있는 일은 아니라고들 하였다.

---

*   중국 송나라의 사마광司馬光이 지은 역사책 《자치통감》資治通鑑을 주희朱熹가
     성리학의 입장에서 정리한 강목체綱目體 사서로, 조선시대 학자들의 역사인식에
     큰 영향을 끼쳤다.

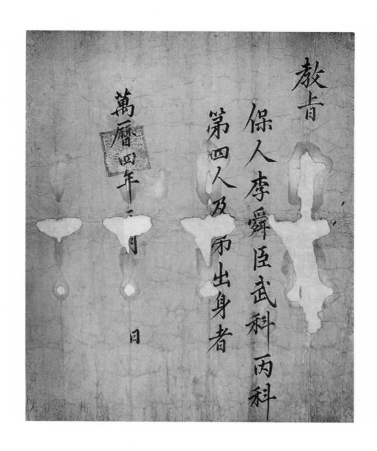

이순신이 1576년 식년시 무과에 급제하고 받은 홍패紅牌.

이순신은 본디 천성이 나돌아다니기를 좋아하지 아니하여, 비록 한양에서 나고 자랐지만 아는 이가 드물었다. 오직 서애 유성룡만이 같은 동리의 어릴 적 동무라서 언제나 그가 장수의 재목임을 알아주었다.

율곡 이이가 이조판서로 있을 적의 일이다. 이순신의 이름을 듣고 또 같은 종씨임을 알게 된 이이는 유성룡을 통해 한번 만나고 싶다고 청하였다. 유성룡은 이순신에게 이이를 만나보라고 권하였다. 그러나 이순신은 "나와 율곡이 같은 성씨라서 만나볼 수 있지만, 그가 이조판서로 있는 동안에 만나보는 것은 옳지 못하다"며 끝내 찾아가지 않았다.

그해 겨울에 함경도 동구비보의 권관이 되었다. 이때 함경감사가 되어 부임한 이후백이 각 진을 순행하며 변방 장수들의 활쏘기 능력을 시험하였는데, 장수들 가운데 벌을 면한 자가 드물었다. 하지만 동구비보에 들른 감사는 평소에 이순신의 평판을 듣고 있던 터라, 매우 친절히 대해 주었다. 그래서 공이 조용히 감사에게 진언하였다.

"사또의 형벌이 너무 엄해서 변방 장수들이 손발 둘 곳을 모를 지경입니다."

감사가 웃으며 대답하였다.

"그대의 말이 옳다. 그러나 내 어찌 옳고 그른 것을 가리지 않고 그러겠는가."

1579년 봄에 임기가 차서 서울로 돌아와 훈련원에서 근무할 때의 일이다. 병조정랑 서익이 자기와 가까운 사람을 순서를 건너뛰어 참군參軍으로 올리려 하였다. 이순신은 담당관으로서 허락하지 않으며 서익에게 말하였다.

"직급이 아래인 사람을 순서를 건너뛰어 위로 올리면, 당연히 승진할 사람이 승진하지 못하게 되니 공평하지 않습니다. 게다가 법을 바꿀 수도 없습니다."

서익은 위력을 내세워 자신의 뜻을 강행하려 하였으나, 이순신은 굳게 버티며 따르지 않았다. 서익은 크게 화를 냈지만, 감히 자기 마음대로 임명할 수는 없었다. 온 훈련원 사람들이 이를 가리켜 말하였다.

"아무개는 병조정랑이면서 일개 봉사奉事*에게 굴복당하고 말았구나."

* 병조정랑은 정5품, 봉사는 종8품 벼슬.

서익은 이 일로 마음에 큰 앙심을 품었다.

이순신이 훈련원에 있을 때, 병조판서 김귀영이 자신의 서녀庶女를 이순신의 첩으로 주려고 하였다. 이순신은 다음과 같이 말하며 일언지하에 중매를 거절하였다.

"벼슬길에 갓 나온 사람이 권세가의 집에 발을 들여놓아서야 되겠는가."

그해 겨울에 이순신은 충청병사의 군관이 되었다. 그가 거처하는 방에는 옷과 이불밖에 가재도구라고는 아무 것도 없었다. 부모님을 뵈러 고향에 다녀올 때는 반드시 남은 양식과 반찬을 기록한 다음 양식 담당자에게 돌려주었다. 이같은 이야기를 전해 들은 충청병사는 그를 사랑하고 존중하였다.

어느 날 저녁이었다. 술에 취한 충청병사가 이순신의 손을 끌며 어느 군관의 방으로 가자고 하였다. 그 사람은 충청병사와 평소부터 친한 사이라서 군관으로 와 있는 사람이었다. 이순신은 대장이 사사로운 일로 군관을 찾아가는 것은 마땅치 않다고 생각하여, 짐짓 취한 척 충청병사의 손을 붙

서익이 이순신을 하옥시켜 처벌하려 하였다. 이 문제가 논의되는 것을 안 한 관원이 이순신에게 조언하였다.

"뇌물을 쓸 수 있는 길이 있으니, 그렇게 하면 죽음을 면할 수 있을 것이오."

이 말을 들은 이순신은 화를 내며 그 사람을 질책하였다.

"죽으면 죽는 것이지, 어찌 구차하게 모면하려 하겠는가."

이순신은 신념을 지키며 아부하지 않는 것이 이와 같았다. 그런 까닭에 그는 반생을 불우하게 지냈으며, 그를 알아주는 사람이 없었다. 전쟁에서 두드러진 공을 세워 위아래를 감동시켰음에도 불구하고, 세상의 여론에 용납되지 않아 옥에 갇히게 된 것도 이 때문이었다.

그러나 이순신은 지혜를 내고 지휘하는 일에서 한 가지 실수도 없었다. 또한 용기를 내고 결단하면 그의 앞에는 강한 적이 없었다.

— 〈시장〉諡狀

잡으며 말하였다.

"사또, 어디로 가자고 하십니까?"

상황을 깨달은 충청병사가 주저앉으며 말하였다.

"내가 취했군, 취했어."

1580년 가을에 이순신은 발포만호가 되었다. 이순신을 시기하여 참소하는 말을 들은 전라감사 손식이 이순신에게 벌을 주기 위해 순행차 능성綾城*에 들렀다. 그는 이순신에게 자신을 영접하라고 불러다가 진법陣法 서책을 강독하게 하고 진형도를 그리게 하였다. 이순신은 강독을 마친 다음 붓을 들고 아주 정교하게 진형도를 그렸다. 손식이 한참 동안 몸을 꾸부리고 들여다보고는 말하였다.

"어쩌면 이렇게도 세밀하게 그리는고."

그리고 이순신의 조상이 누구인지 물었다.

"내가 진작 몰라본 것이 한이로구나."

손식은 그 후로는 이순신을 정중히 대우하였다.

*   지금의 전라남도 화순군 능주면 지역.

전라좌수사 성박이 발포로 사람을 보내 발포 객사 뜰에 있는 오동나무를 베어오라고 하였다. 거문고를 만들기 위해서였다. 이순신은 벌목을 허락하지 않으며 말하였다.

"이것은 관청 물건이오. 여러 해 동안 기른 것을 하루아침에 베어 버릴 수 있겠소?"

성박은 크게 노하였으나, 그렇다고 감히 베어 가지는 못하였다.

이용이 수사가 되었다. 그는 이순신이 자신을 고분고분히 섬기지 않는 것을 미워하였다. 그래서 업무를 핑계로 벌을 주기 위해 자신의 휘하에 있는 다섯 포구의 군사를 불시에 점고하였다. 다른 네 포구에는 결원된 군사의 수효가 많았으나, 발포는 결원이 세 사람뿐이었다. 그런데도 이용은 이순신의 이름만 거명하여 죄를 청하는 장계를 올렸다. 이순신은 그럴 줄을 미리 알고 다른 네 곳의 결원 명부를 얻어 가지고 있었다. 수사 본영의 부하들이 이용에게 아뢰었다.

"발포의 결원이 제일 적은데다, 이순신이 다른 네 포구의 결원 명단을 가지고 있습니다. 만일 장계를 올렸다가는 뒷날 후회할 일이 있을까 염려됩니다."

이 말을 들은 이용은 그렇겠다고 생각되어 급히 사람을 뒤쫓아 보내 장계를 도로 찾아왔다.

수사와 감사가 함께 모여 관리들의 성적을 심사하게 되었다. 두 사람은 이순신에게 기필코 가장 아래 등급을 매기려고 하였다. 이때 중봉 조헌이 도사都事의 직책으로 그 자리에 함께하고 있었다. 조헌은 붓을 들고 있다가 쓰지 않고 말하였다.

"이순신의 군사를 다루는 능력이 도내에서 으뜸이라는 말을 익히 들었습니다. 비록 다른 진 모두를 최하로 평가할 망정 이순신은 그렇게 할 수 없을 것입니다."

그리하여 그만 중지하였다.

1582년 봄에 군기시 경차관 서익이 발포에 내려왔다. 그는 군기를 보수하지 않았다고 장계를 올려 이순신을 파직시켰다. 모두들 이순신이 군기를 보수함이 그토록 정교하고 엄밀했는데도 불구하고 벌을 받게 된 것은, 이순신이 지난날 훈련원에서 굽히지 않았던 원한 때문이라고 하였다.

이순신은 그해 여름에 다시 임관되어 훈련원에서 일을 보게 되었다. 이때 이순신에게 좋은 화살통이 있다는 말을 들은 정승 유전이 이순신이 활을 쏘는 기회에 불러 화살통을 달라고 하였다. 이순신은 공손히 말하였다.

"화살통을 드리기는 어렵지 않습니다. 하지만 대감께서 받는 걸 세상사람들이 어떻게 생각할 것이며, 또한 소인이 바치는 것을 무어라고 하겠습니까? 화살통 하나로 대감과 소인이 명예에 먹칠을 하게 되는 것이 미안할 따름입니다."

하니 유 정승도 "그대의 말이 옳다"고 하였다.

1583년 가을에 남병사*가 된 이용은 조정에 품신하여 이순신을 자신의 군관으로 삼았다. 그것은 전에 이순신을 잘 알아주지 못한 것을 후회하고, 깊이 친교를 나누고 싶어서였다. 그래서 이순신을 보고 몹시 기뻐하며, 다른 이들보다 배나 친밀히 대해 주었다. 또한 크고 작은 일을 가리지 않고 군대 일은 반드시 의논하였다.

하루는 병사가 군대를 움직여 북쪽으로 행군하려 하였다.

* 　남병사南兵使는 함경도 북청의 남병영을 책임 맡고 있던 병마절도사. 마천령 이북의 경성에 있던 병마절도사는 북병사라고 하였다.

忠武公李舜臣像

'충무공이순신상'이란 글자가 적혀 있는 이순신의 초상.
조선 후기의 작품으로 추정된다.

병방 군관을 맡고 있던 이순신은 서문을 나서며 행군을 시작하였다. 병사가 크게 성을 내며 말하였다.

"나는 서문으로 나가려는 게 아닌데, 어째서 서문으로 나가는 것이냐?"

이순신이 대답하였다.

"서쪽은 방위로 금金에 해당합니다. 또한 지금은 마침 가을인데다, 가을은 생명을 죽이는 숙살肅殺을 주관합니다. 그래서 서문으로 나가는 것입니다."*

이 말을 들은 병사는 크게 기뻐하였다.

그해 겨울에 건원보** 권관이 되었다. 당시 오랑캐 울지내가 변방의 큰 걱정거리였지만, 조정에서는 걱정만 할 뿐 잡을 도리가 없었다. 이순신이 건원보에 부임하여 계책을 써서 꾀어내니, 울지내가 무리를 이끌고 쳐들어왔다. 이순신은 복병을 배치해 그들을 사로잡았다.

---

*   오행설에서 금金은 서쪽이고, 계절 가운데는 가을이 금에 해당한다. 가을은 또한 모든 생명을 앗아가는 숙살肅殺을 주관한다. 즉, 가을에 군대가 출정하는 까닭에 승리를 위해 서문을 통해 행군을 시작하였다는 의미다.

** 지금의 함경북도 경원군에 위치.

하지만 병사 김우서는 이순신 혼자서 큰 공을 세운 것을 시기하여, 이순신이 병사에게 고하지도 않고 함부로 큰일을 저질렀다고 장계를 올렸다. 조정에서는 큰 상을 내리려고 하다가 장계 때문에 중지하고 말았다.

이순신은 건원보에 머물던 시기에 훈련원 벼슬이 만기가 되어 참군參軍으로 승진하였다. 그러나 명성이 자자하면서도 권세가의 집에 드나들지 않기 때문에, 벼슬이 뛰어 오르지 못하였다. 사람들이 이를 안타깝게 여겼다.

그해 겨울 11월 15일에 이순신의 아버지가 아산 땅에서 세상을 떠났다. 이순신은 이듬해 정월에야 비로소 아버지가 별세하였다는 소식을 들었다.

그때 재상 정언신이 함경도를 순시하다가 이순신이 상을 당해 급히 자택으로 달려간다는 소식을 듣고, 이순신의 몸이 상할까 염려하여 도중에 여러 번 사람을 보내 상복을 입고 천천히 가라고 청하였다. 이순신은 한 시각이라도 지체할 수 없다며, 아산 집에 도착해서야 상복으로 갈아 입었다.

이때 조정에서는 바야흐로 이순신을 크게 쓰기 위한 의론이 일었다. 그래서 장례를 치른 지 겨우 1년이 갓 지났건만,

언제 상복을 벗느냐고 몇 번을 묻는 것이었다.

　1586년 1월에 3년상을 마친 이순신은 곧 사복시司僕寺 주부主簿에 임명되었다. 업무를 시작한 지 겨우 16일 만에 조정은 그를 천거하여 조산造山만호로 삼았다. 당시 조산만호 자리가 비어 있었는데, 오랑캐들의 준동이 심한데다 조산이 오랑캐 땅에 아주 가까운 곳이므로, 조정에서는 사람을 엄선해 보내려 하였다.

　다음해 가을 이순신은 녹둔도鹿屯島＊ 둔전관屯田官을 겸하게 되었다. 이순신은 녹둔도가 외로이 멀리 떨어져 있으며 지키는 군사가 적은 것이 걱정스러웠다. 그래서 여러 번 병사 이일에게 상황을 보고하고 군사를 증원시켜 달라고 청하였다. 그러나 이일은 이순신의 청을 들어주지 않았다.

　8월에 과연 적이 군사들을 보내 이순신이 지키는 나무 울타리를 에워쌌다. 붉은 털옷을 입은 적군 몇 명이 앞장서 지

＊　조산보는 함경도 경흥 동쪽 두만강가에 위치한 국경 요새였으며, 녹둔도는 조산보에서 30리 떨어진 두만강 하구의 섬이었다. 녹둔도는 두만강의 물길이 바뀜에 따라 청나라 땅이 되었다가, 1860년 이후 러시아에 할양되었다.

휘하며 달려오므로, 이순신이 활을 당겨 연달아 쏘아 맞혔다. 붉은 옷 입은 자들을 모두 거꾸러뜨리니, 적군은 달아났다. 이순신은 이운룡과 함께 그들을 추격하여 사로잡힌 우리 군사 60여 명을 탈환하였다. 이날 이순신은 오랑캐의 화살에 맞아 왼쪽 다리를 상했으나, 부하들이 놀랄까봐 몰래 화살을 뽑아버렸다.

병사 이일은 이순신을 죽여 입을 막음으로써 자신의 죄를 면하려고 하였다. 이일은 이순신을 가둔 다음 형벌을 가할 생각이었다. 이순신이 병사에게 불려 들어갈 때였다. 병사 이일의 군관 선거이가 본시 이순신과 가까이 지내던 사이라서 손을 잡고 눈물을 흘리며 말하였다.

"술이라도 마시고 들어가는 것이 좋겠소."

그러자 이순신은 정색을 하며 대답하였다.

"죽고 사는 것은 하늘에 달렸거늘, 술은 마셔 무엇하겠소."

선거이가 다시 말하였다.

"술을 마시지 않겠다면, 물은 마실 수 있는 것 아니오."

하지만 이순신의 대답은 여전하였다.

"목이 마르지 않은데 물은 무엇하러 마시겠소."

이순신이 건원에 있을 때의 일이다. 북쪽 변방을 지키던 병사 하나가 상을 당해 고향으로 돌아가려고 하였으나, 타고 갈 말이 없었다. 소식을 전해 들은 이순신이 말하였다.

"내 비록 그 사람을 잘 알지는 못하지만, 급한 처지에 있는 사람을 구제해 주는데 어찌 알고 모르는 것을 따지겠는가."

그러고는 자신의 말을 내어주었다.　　　　　—〈행장〉

함경도순찰사 정언신이 이순신에게 명하여 녹둔도 둔전屯田을 지키게 하였다. 안개가 짙게 낀 어느 날이었다. 병사들이 모두 밖에 나가 벼를 수확하느라, 방책 안에는 겨우 10여 명의 병사만 남아 있었다. 이때 창졸간에 오랑캐들이 말을 타고 쳐들어왔다. 이순신은 방책 문을 굳게 닫아걸고, 방책 안에서 연달아 유엽전柳葉箭을 쏘았다. 수십 명의 적이 맞아 말에서 떨어졌다. 그리하여 오랑캐들은 혼비백산하여 달아났으며, 이순신은 문을 열고 오랑캐들을 추격해 그들이 약탈해 간 물건을 다시 빼앗아왔다.　　　　　—《징비록》

함경도 지역에서 무공을 세운 장수들의 행적을 글과 그림으로 엮은
《북관유적도첩》北關遺蹟圖帖 속의 〈수책거적도〉守柵拒敵圖.
조산만호 이순신이 녹둔도에 쳐들어온 여진족을 물리친 일화를 담은 그림이다.

마침내 이순신이 들어서자, 이일은 전투에서 패하였다는 진술서를 쓰라고 하였다. 이순신은 거절하며 말하였다.

"내가 병력이 적기 때문에 군사를 증원해 달라고 여러 번 청하였으나, 병사가 들어주지 않은 것 아닙니까? 그 공문이 여기 있습니다. 조정에서 전후사정을 파악하게 되면, 죄가 내게 있지 않음을 알게 될 것입니다. 또 내가 힘껏 싸워서 적을 물리치고, 뒤쫓아가 우리나라 사람들을 탈환해 왔는데, 패배하였다고 따지는 것이 옳은 일입니까?"

이순신의 말소리나 동작은 조금도 떨림이 없었다. 이일은 한참 동안 대답하지 못하고 있다가, 이순신을 옥에 가두어 두었다.

사건이 임금의 귀에 들리자, 임금이 말하였다.

"이순신은 전투에서 패한 경우와는 다르다. 백의종군하여 공을 세우도록 하라."

이순신은 그해 겨울에 공을 세워 특사를 받았다.

1588년 윤6월에 이순신은 집에 돌아와 있었다. 이때 조정에서는 관직상의 서열에 관계없이 무인 가운데 뽑아 쓸 만한 사람을 천거하였다. 이순신은 둘쨋 번에 들었으나, 아직

임명이 되지 않아 벼슬은 얻지 못하였다.

다음해 봄, 전라순찰사 이광이 이순신을 자신의 군관으로 임명하였다. 이광은 거듭 탄식하며 말하였다.

"그대 같은 재주를 가지고 이렇게 펴지 못하고 지내는 것은 참으로 아깝다."

이광은 조정에 주청하여 이순신이 전라도 조방장助防將을 겸하게 하였다. 이순신이 순천에 이르니 순천부사 권준이 함께 술을 마시다가 말하였다.

"이 고을이 아주 좋은데, 그대가 한번 나를 대신해 보겠소?"

권준은 자못 뽐내며 거만한 빛을 보였지만, 이순신은 다만 웃음 지을 뿐이었다.

이해 11월에 이순신은 선전관을 겸직하게 되어 서울로 상경하였다.

이순신은 12월에 정읍현감이 되었다. 동시에 태인현감도 겸직하게 되어 겸관의 자격으로 태인현에 이르렀다. 태인은 오랫동안 수령이 없어 출납 장부며 문서들이 쌓여 있었다. 이순신은 물이 흐르듯이 척척 결재해 잠깐 사이에 밀린 일

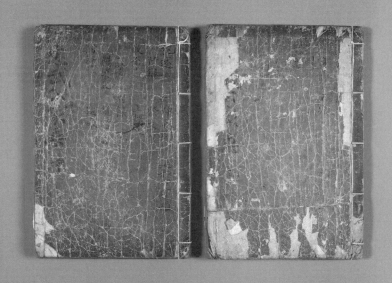

이분李芬이 쓴《행록》行錄이 수록되어 있는《충무공가승》忠武公家乘.
이순신을 중심으로 한 충무공 집안의 내력을 담고 있으며,
《이충무공전서》李忠武公全書의 저본이 되었다.

을 마무리하였다. 빙 둘러서서 보고 듣고 하던 백성들 가운데 탄복하지 않는 사람이 없었다. 마침내 어사에게 글을 올려 이순신을 태인현감으로 보내주도록 청원하는 사람까지 있었다.

그 무렵 조대중이 전라도 도사都事로 있었다. 조대중은 편지로 이순신의 안부를 묻기도 했고, 이순신 또한 도사의 편지에 답장하지 않을 수 없어 편지를 써 보내기도 하였다.

그 뒤 조대중이 역모*에 연루되어 그 집 서적들이 모조리 압수되었다. 이순신은 마침 공무상의 일로 서울로 올라가던 길에 의금부도사를 만났다. 평소부터 서로 아는 사이였던 의금부도사가 이순신에게 말하였다.

"공의 편지가 조대중의 수색물 가운데 들어 있소. 공을 위해서 뽑아버릴까 하는데 어떻소?"

이순신이 대답하였다.

"아니오. 지난날 도사가 내게 편지를 보냈기에 답장을 했

---

*   정여립 사건을 가리킨다. 이 사건에 연루되어 수많은 사람이 목숨을 잃었으며, 조대중 역시 그 가운데 한 사람이다. 이순신은 나중에 죽은 조대중의 시신이 고향 화순으로 옮겨지느라 정읍을 지날 때 제사를 지내주었다.

고, 그건 다만 서로 안부를 묻는 것뿐이었소. 또 이미 수색물 속에 들어 있는 것을 사사로이 뽑아 버리는 것은 온당한 일이 아니오."

그 뒤 얼마 지나지 않아 이순신은 만포첨사를 제수 받았다. 사람들은 임금이 이순신의 문필文筆을 총애한 까닭이라고들 하였다.

차사원差使員으로서 공무를 보기 위해 서울에 들어온 이순신은 마침 옥중에 갇혀 있던 우상 정언신을 옥문 밖에서 문안하였다. 그때 의금부도사들은 당상에 모여앉아 술을 마시며 노래를 부르고 있었다. 이를 본 이순신은 의금부도사들에게 말하였다.

"죄가 있든 없든 한 나라의 대신이 옥중에 있는데, 이렇게 당상에서 풍류를 즐기는 것은 민망한 일 아니오."

의금부도사들은 얼굴빛을 바꾸며 사과하였다.

이순신의 두 형은 일찍 세상을 떠났다. 자녀들이 모두 어렸으므로, 이순신의 어머니가 손자, 손녀들을 키웠다. 이순신이 정읍현감이 되자 두 형의 자녀들도 할머니를 따라 정읍에 가 있었다. 어떤 이들은 관리가 부양 가족을 너무 많이 데리고 있다고 비난하였다. 이순신은 눈물을 흘리며 말하였다.

"내가 차라리 남솔濫率*의 죄를 짓더라도, 의지가지없는 조카들을 차마 버리지는 못하겠다."

이 말을 듣는 사람들은 모두 이순신을 의롭게 여겼다.

1590년 7월에 고사리첨사로 임명되었으나, 대간臺諫들이 규정보다 이른 시기에 수령 자리를 옮기는 것을 비판하여 그대로 정읍현감 자리에 눌러 있게 되었다. 8월에는 당상관으로 품계를 올려 만포첨사에 제수되었다. 하지만 마찬가지로 대간들이 너무 빨리 승진시킨다고 떠들어 다시금 그대로 유임되고 말았다.

다음해 2월에 진도군수로 전임 발령을 받았으나, 부임하기도 전에 가리포첨사로 전임되었다. 임지로 떠나기 전인 같은 달 13일 다시 전라좌수사에 임명됨으로써, 정읍에서 곧바로 새 임지로 부임하였다.

* 고을의 수령이 제한된 수 이상의 가족을 데리고 부임하는 것을 가리키며, 남솔죄에 해당하면 파직 등의 죄를 물었다.

이순신의 형 이희신과 이요신은 모두 이순신보다 일찍 죽었다. 이순신은 형의 자식들을 자기 자식같이 아끼고 돌보았으며, 조카들을 모두 시집 보내고 장가 보낸 다음에야 자기 자식들의 혼인을 치렀다.

—《징비록》

이순신은 수군에 십 년 동안 몸담고 있으면서 집안일을 조금도 돌보지 않았다. 자녀들의 결혼 시기도 때를 놓치곤 하였다. 이순신의 두 형은 이순신보다 먼저 세상을 떠났는데, 이순신이 조카들을 돌보아 길렀다. 생기는 물건이 있으면 반드시 조카들에게 먼저 나눠준 다음 나중에야 자신의 자식들에게 주었다.

—〈행록〉(홍익현)

그때 왜적에 대한 소문으로 상황이 나날이 급박해지자, 임금은 장수의 자질이 있는 사람을 천거하라고 비변사에 명하였다. 나는 이순신을 천거하였다. 정읍현감에서 한참을 뛰어 수사水使에 임명되었으므로, 너무나 빠른 그의 승진에 의심의 눈길을 보내는 사람들이 많았다.

—《징비록》

이순신이 처음 수사로 임명되던 때에, 그의 친구가 꿈을 꾸었다. 높이가 하늘을 찌를 만하고 가지가 무성한 큰 나무가 한 그루 서 있는데, 나뭇가지 위에 올라가 몸을 기대고 있는 사람들이 몇 천만 명인지 헤아릴 수조차 없었다. 갑자기 그 나무가 뿌리째 뽑혀 쓰러지려는 순간에, 웬 사람이 자신의 몸으로 나무를 떠받들어 세우는 것이었다. 자세히 보니 그 사람은 다름아닌 이순신이었다. 뒷사람들은 그 꿈을 송나라의 문신 문천상文天祥이 하늘을 떠받치던 꿈과 같다고 이야기하였다.

이순신은 좌수영에 있으면서 왜적이 반드시 쳐들어올 것을 예견하였다. 그는 본영과 소속 진이 보유하고 있는 무기와 장비들을 모두 보수하는 한편, 철쇄를 만들어 앞바다에 가로 걸쳐두었다.

그리고 또 전선을 새로 만들었다. 판옥선만한 크기의 배 지붕을 판자로 덮고, 판자 위에 십자 모양의 좁은 길을 내 사람들이 올라가 다닐 수 있게 하였다. 그 밖의 나머지 부분에는 온통 칼과 송곳을 꽂아 사방 어디에도 발디딜 틈이 없었다. 배의 앞머리에는 용머리를 만들어 붙였는데, 입은 총

거북선을 만든 곳으로 알려진 전라좌수영(여수) 선소 유적.
자연지세를 이용하여 거북선을 대피시킨 굴강屈江,
거북선을 매어 두었던 계선주繫船柱, 돌벅수 등이 남아 있다.

구멍 역할을 하였다. 거북이 꼬리처럼 생긴 배의 후미 꽁지 밑에도 총구멍이 나 있었다. 배의 좌우편에는 각각 여섯 개씩의 총구멍을 냈다. 대체로 그 모양이 거북의 형상과 같아서 거북선이라고 불렀다.

나중에 전쟁에 출전할 때는 칼과 송곳 위에 띠로 엮은 이엉을 덮고 선봉이 되어 나아갔다. 적이 거북선 위로 올라오려 들다가는 칼날과 송곳에 찔려서 죽었다. 또 에워싸고 공격해도 전후좌우에서 한꺼번에 포가 터지므로, 적선이 아무리 구름처럼 바다를 덮어도 거북선은 그 속을 마음대로 드나들 수 있었다. 배가 지나는 곳마다 모두 스러져 흩어질 뿐이므로, 앞뒤의 크고 작은 전투에서 거북선 덕분에 항상 승리하였다.

조정은 신립申砬의 장계 때문에 수군을 없애고 육전陸戰에만 전력하려 하였다. 이를 들은 이순신은 조정에 장계를 올렸다.

"바다로 오는 적을 막는 데는 수군만한 것이 없습니다. 수군이나 육군의 어느 하나도 없앨 수는 없습니다."

조정에서도 그의 의견을 옳다고 여겼다.

1592년 4월 16일, 왜적이 부산을 함락하였다는 말을 전해 들은 이순신은 급히 장수들을 본영에 모두 불러 모았다. 그리고 나아가 적을 무찌를 방안을 논의하였다.

모두들 전라좌도 수군은 관할하는 곳을 지키는 것이 옳은 일이며 영남에 침입한 적을 나가서 치는 것은 자신들의 임무가 아니라고 말하였다. 오직 군관 송희립만이 이렇게 주장하였다.

"큰 적이 나라 안으로 치고 들어와 그 세력이 크게 뻗쳤는데, 가만히 앉아서 외로운 성을 지킨다고 우리만 보전될 리 없습니다. 나아가 싸워야 합니다. 다행히 이기면 적의 기운이 꺾일 것이고, 불행히 싸우다 죽는다 해도 신하된 도리에 부끄러움이 없을 것입니다."

녹도만호 정운도 이어 말하였다.

"신하로서 평소에 국은을 입고 국록을 먹다가 이런 때에 죽지 않고, 어찌 감히 앉아서 보고만 있을 것이오."

이순신이 크게 기뻐하며 목소리를 높였다.

"적의 기세가 자못 맹렬하여 국가가 위급하게 되었도다. 이런 때를 당하여 어찌 다른 도의 장수라고 핑계를 대면서 물러나 자신의 경계만 지키고 있을소냐. 내가 시험삼아 물

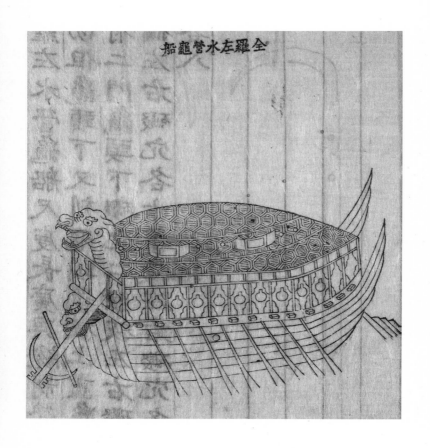

全羅左水營龜船

《이충무공전서》(1795년) 속에 수록된 전라좌수영의 거북선 그림.

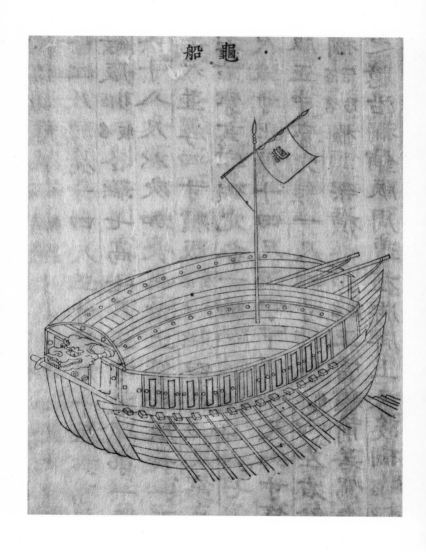

《이충무공전서》속의 통제영 거북선.

신은 일찍이 섬나라 오랑캐들이 쳐들어올 것을 걱정해 특별히 거북선을 만들었습니다. 배의 앞머리에는 용머리를 설치하였는데, 입에서 대포를 쏠 수 있습니다. 등에는 쇠로 만든 화살촉을 꽂아 두었습니다. 배 안에서는 바깥을 잘 살필 수 있지만, 바깥에서는 배 안을 들여다볼 수 없습니다. 수백 척의 적선 사이를 돌격해 들어가 포를 쏠 수 있는데, 이번 출동시에는 돌격장이 승선하였습니다.

먼저 거북선에 명령을 내려 적선을 향해 돌격하게 하였습니다. 그리고 천자총통, 지자총통, 현자총통, 황자총통 등의 각종 총통을 쏘게 하였습니다.

— 이순신 장계 (1592.6.14)

왜적이 처음 바다를 건너와 상륙하였을 때, 적의 규모에 놀란 원균은 나가 싸울 생각조차 못하였다. 그리고 백여 척의 배와 화포, 무기를 스스로 바닷속에 던져 버렸다. 그런 다음 비장 이영남, 이운룡 등만 대동한 채 4척의 배에 나누어 타고 곤량 바다 어귀로 달아나 적을 피하였다. 이로써 원균 휘하의 수군 만여 명이 모두 사라져버렸다.

— 《징비록》

임진전쟁의 첫 전투였던 1592년 4월 14일의
부산진 전투를 그린〈부산진 순절도〉釜山鎭殉節圖.

어본 것은 잠시 여러 장수들의 뜻을 알아보려는 것이었다. 오늘 우리가 할 일은 다만 나가서 싸우다가 죽는 것뿐이다. 감히 반대하는 자가 있다면 목을 베리라."

이순신의 말에 온 군대가 두려워 떨었다. 그 뒤로는 모두들 죽기를 맹세하면서 떨쳐 일어났다.

5월 1일 원근의 장수들이 모두 본영 앞바다에 모였다. 모인 전선은 24척이었다. 여도 수군 황옥천이 도망쳐 달아나려 하였으므로 목을 베어 매달았다.

이순신은 5월 4일 여러 장수들을 거느리고 당포에 이르렀다. 그리고 사람을 시켜 경상우수사 원균이 있는 곳을 찾았다. 그때 원균은 적에게 패해 전선 73척을 모조리 잃어버린 상태였다. 다만 남은 것은 옥포만호 이운룡과 영등포만호 우치적이 타고 있는 배가 각 한 척씩, 그리고 걸망포에 있는 원균이 탄 작은 배 한 척이 있을 뿐이었다.

이순신은 원균이 영남 수로에 익숙할 것이라고 생각하여 그를 맞아 전선 한 척을 주며 같이 일할 것을 약속하였다.

이순신은 5월 7일 옥포에 도착하였다. 왜선 30여 척이 포구에 줄지어 있는 것을 보고 이순신은 기를 휘두르며 진군하였다. 여러 장수들도 용감히 앞으로 나아가 적선을 모조리 잡아 없앴다. 이때의 전공으로 나중에 가선대부嘉善大夫에 올랐다.

5월 8일에는 고성 월명포에 이르러 진을 치고 군사들을 쉬게 하였다. 그곳에서 전라도사 최철견의 보고를 통해 임금 일행이 서쪽으로 피란 갔다는 소식을 들었다. 이순신은 서쪽을 향하여 통곡하고, 잠시 함대를 본영으로 되돌렸다.

5월 29일 꿈에 한 백발 노인이 나타나 이순신을 발로 차며 "일어나라! 일어나라! 적이 왔다!" 하였다. 꿈에서 깬 이순신은 곧바로 장수들을 거느리고 노량으로 나아갔다. 노량에 도착하니 과연 적이 오고 있었다. 적이 달아나므로 사천까지 뒤쫓아가 적선 13척을 불태워 부수었다. 화살에 맞고 물에 빠져 죽은 적병이 100명이나 되었다.

이날 이순신은 왼쪽 어깨에 탄환을 맞았다. 어깨를 뚫고 들어간 탄환은 등쪽에 가 박혀 있었다. 상처에서 흘러내린 피가 발뒤꿈치까지 적실 정도였지만, 이순신은 그래도 활을 놓지 않은 채 종일토록 싸움을 독려하였다. 싸움이 끝난 뒤

이순신은 전투를 벌일 때는 항상 장졸들과 함께 활을 쏘았다. 혹시라도 이순신이 적탄에 몸이라도 상하지 않을까 염려하여 장졸들이 그의 팔을 붙잡으며 간곡하게 간하였다.

　"어찌하여 나라를 위해 몸을 자중자애하지 않으십니까?"

　이순신은 하늘을 가리키면서 말하였다.

　"내 목숨은 저기에 달려 있거늘, 어찌 너희들만 적을 상대하도록 하겠느냐."

— 〈통제사 이충무공 유사〉

1592년 5월 29일의 사천해전을 그린 기록화. 장졸들과 늘 함께
전투에 참가한 이순신은 이날 왼쪽 어깨에 탄환을 맞았다.

에 칼끝으로 살을 쪼개고 탄환을 파내니 깊이가 두어 치나 되었다. 군사들이 그제야 사실을 알고 놀라지 않는 이가 없었지만, 이순신은 웃고 이야기하며 태연하였다.

이순신은 전투할 때마다 장수들에게 약속을 다짐하였다.

"적의 머리 한 개를 베는 동안에 여러 적병에게 활을 쏠 수가 있다. 머리를 많이 베지 못한다고 걱정하지 말고, 오직 적을 쏘아 맞히는 것을 우선하라. 힘써 싸우는지 그렇지 않은지는 내가 직접 눈으로 보고 있다."

그리하여 이순신의 수군은 전투에서 오직 수없이 쏘아 죽일 뿐, 적의 수급首級을 베는 것으로 공을 다투지 않았다.

6월 1일 이순신은 사량도 뒷바다로 나가 진을 쳤다. 2일 아침에는 당포 앞바다에서 적선 20여 척을 만났다. 그 가운데 제일 큰 배 위에는 누각이 설치되었는데, 높이가 두 길쯤 되고 사면으로 붉은 비단 휘장이 드리워 있었다. 누각 위에서는 금관을 쓰고 비단옷을 입은 왜군 장수가 꼿꼿이 앉은 채 싸움을 지휘하였다. 우리 군사들이 쏜 화살에 맞은 왜군 장수는 누각 아래로 떨어졌다. 화살에 맞아 거꾸러지는 적군의 수가 얼마인지 알 수 없었다. 마침내 적을 모조리 무찔렀다. 거기서 금칠한 둥글부채 하나를 얻었다. 부채의 오른쪽에는 '하시바지쿠젠노카미', 왼쪽에는 '가메이류큐노카미 님'이라는 글자가 적혀 있고, 가운데 윗부분에는 '6월 8일 히데요시秀吉'라는 서명이 들어가 있었다.*

　싸움을 마치고 나니 거의 한낮이 되어 있었다. 군사들이 겨우 좀 쉬려고 하는데, 갑자기 적이 온다는 보고가 들어왔다. 이순신은 마치 듣지 못한 체하였다. 또다시 적이 수없이 오고 있다는 급보가 이어졌다.

---

*　　이 금부채의 주인은 가메이 고레노리龜井茲矩로 알려져 있다. 가메이 고레노리는 1592년의 당포해전에서 이순신에게 패하였다. 금부채는 그가 도요토미 히데요시에게서 받은 것이다. '하시바지쿠젠노카미'羽柴筑前守는 도요토미 히데요시를 가리키는데, 하시바羽柴는 도요토미 이전의 성姓, 지쿠젠노카미筑前守는 가메이 고레노리에게 금부채를 줄 당시의 관직명이다. 일본 사료인 《간에이제가계도전》寬永諸家系圖伝에 의하면, '류큐노카미'琉球守라는 직함은 가메이 고레노리가 도요토미 히데요시에게 요청하였다. 가메이 고레노리는 도요토미 히데요시가 정권을 잡을 무렵 큰 공을 세웠는데, 도요토미 히데요시가 원하는 영지를 묻자 지금의 오키나와인 류큐를 원한다고 대답하였다. 이에 히데요시가 '가메이류큐노카미 님'(龜井琉球守殿) 이라고 금부채에 적어 가메이 고레노리에게 주었다는 것이다. 그런데 가메이 고레노리는 금부채를 잃어버린 것은 사실이지만, 당포해전에서 전사하지 않았다. 통설에 의하면, 이때 죽은 왜군 장수는 구루시마 미치유키來島通之이다. '류큐'琉球의 한자 표기(《이충무공행록》에는 劉矩라고 표기)는 바로잡았다.

그 가운데 가장 큰 배 위에는 누각이 높이 솟아 있었습니다. 높이는 3~4장 남짓 되는데, 바깥으로 붉은 비단 휘장이 드리워 있었습니다. 휘장 사면에는 큰 글씨의 '황'黃자가 쓰여 있고, 그 가운데 서 있는 왜군 장수의 머리 위에도 붉은 차양이 쳐져 있었습니다. 전혀 두려워하지 않고 그 배를 향해 먼저 거북선이 치고 들어가게 하였습니다. 용머리에서 현자총통으로 철환을 쏘고, 천자총통과 지자총통으로 대장군전大將軍箭을 쏘아 배를 깨부수었습니다. 후미의 배에서는 철환과 화살을 발사하였습니다. 돌격하던 중위장 권준이 화살을 쏘아 왜군 장수를 맞추니, 그는 넘어져 떨어졌습니다. 사도 첨사 김완과 흥양군관 진무성이 그의 목을 베었습니다. 적은 겁을 먹고 도망쳤습니다. …

그날 당포에서 적과 싸우던 중 우후 이몽구가 왜장선을 수색해 찾아낸 금부채 한 자루를 신에게 보냈습니다. 부채의 한쪽 면 중앙에는 '6월 8일 히데요시秀吉)'라는 서명이 들어가 있고, 오른쪽에는 '하시바지쿠젠노카미' 羽柴筑前守라는 다섯 글자가, 왼쪽에는 '가메이류큐노카미 님'龜井琉球守殿'이라는 여섯 글자가 적혀 있었습니다.

— 이순신 장계 (1592.6.14)

이순신은 노한 목소리로 말하였다.

"적이 오면 싸울 뿐이다."

그렇게 말한 것은 장수와 병사 할 것 없이 모두들 힘껏 싸운 뒤끝이라 기운이 지쳐서 자못 당황한 빛을 보였기 때문이다.

이순신은 아침에 빼앗은 적장이 탔던 누선을 적이 보이는 바다 앞으로 끌어내게 하였다. 그리고 적과의 거리가 한 마 장쯤 되는 곳에서 불을 질렀다. 배가 점점 타들어가 그 안에 쌓아두었던 화약이 일제히 폭발하였다. 우렛소리가 허공을 울리고, 시뻘건 불길이 하늘을 물들였다. 그 모습을 바라보던 왜군은 넋이 빠져 공격하지 못한 채 그대로 물러갔다.

그런데 그날 밤 군사들이 까닭없이 놀라 소란이 그치지 않았다. 이순신은 누운 채 꼼짝도 하지 않고 있다가, 한참만에야 사람을 시켜 요령을 흔들게 하였다. 그렇게 하니 소란이 진정되었다.

6월 4일 당포 앞바다로 나가 진을 쳤다. 마침 전선 25척을 거느린 전라우수사 이억기가 군악을 울리며 돛을 높이 단 채 왔다. 모든 배의 장병들이 연이은 싸움에 피곤해 있던 터라, 구원병을 보고는 전군의 사기가 솟아올랐다. 이순신은 이억기를 향해 말하였다.

"왜적의 형세가 사나워 나라의 위급함이 조석에 달렸거늘, 영감은 어찌 이리 늦게 오시오."

6월 5일 이순신은 이억기와 함께 이른 아침에 출항하였다. 고성 당항포에 이르러 적과 서로 만났다. 3층 누각으로 된 큰 배는 누각 위에 검은 비단 휘장을 둘렀으며, 그 앞에는 푸른 일산日傘이 세워져 있었다. 적장이 휘장 안에 앉아 있는 것을 쏘아 죽이고 목을 베었다. 중간 배 12척과 작은 배 20척도 일시에 쳐서 깨뜨렸다. 일곱 명의 적을 목 베었으며, 화살을 쏘아 죽인 자는 셀 수조차 없었다. 적은 배를 버리고 육지로 달아났다. 그리하여 군대의 위엄을 크게 떨치게 되었으며, 이순신은 자헌대부로 승진하였다.

6월 7일 아침에 영등포에 이르렀다. 율포에 있던 적은 우리 군사들을 보더니 남쪽으로 도망갔다. 이순신은 모든 배에 명령을 내려 뒤쫓아가 잡게 하였다. 사도첨사 김완, 우후 이몽구, 녹도만호 정운 등이 각 한 척씩의 적선을 온전히 나포하였다. 머리를 벤 왜적은 모두 36명이었다.

6월 9일 이순신, 이억기, 원균은 모든 장수와 배를 거느리고 천성, 가덕 등지로 가서 수색하였다. 하지만 적병들이 도망가서 그림자도 보이지 않으므로 군대를 돌려 돌아왔다.

6월 14일에는 본영에 머물면서 장계를 두 장 썼다.

"신은 이제 전선 수만 척을 이끌고 비장군飛將軍 아무개를 선봉 삼아 바로 일본을 치러 아무 달 아무 날 떠나겠나이다."

이순신은 군관으로 하여금 이 장계 한 장을 가지고 가서, 서울 가는 길에 버리게 하였다. 적이 장계를 보도록 하기 위해서였다.

7월 8일 이순신은 이억기, 원균 등과 함께 고성 땅 견내량으로 나아갔다. 적이 양산을 출발해 호남 쪽으로 향한다는 말을 들었기 때문이다. 모든 배를 거느리고 진군하여 견내량에 이르니, 적의 선봉 30여 척이 과연 와 있었다. 그 뒤쪽 바다에도 숱한 배들이 널려 있었다.

이순신이 말하였다.

"이곳은 바다가 좁고 항구가 얕아서 전쟁할 곳이 못 되니, 적을 큰바다로 꾀어내 깨뜨리자."

그리하여 모든 장수들에게 짐짓 패한 듯이 물러나도록 명령하였다. 적은 승리라도 한 듯한 기세로 아군을 뒤쫓았다. 한산도 앞바다에 이르니 바다가 확 트이고, 적의 배가 모두 모이게 되었다. 이순신은 기를 휘두르고 북을 치며 급히 명령하여 배를 돌려 싸우게 하였다.

모든 배가 돛을 높이 올리고 돌진하며 대포와 화살을 우레같이 쏘아대자 연기와 불꽃이 하늘에 가득 찼다. 잠깐 사이에 피비린내가 진동하며 바다를 붉게 물들였다. 적선 73척은 한 척도 돌아가지 못하였다. 사람들은 이 싸움을 한산대첩이라고 일컬었다.

이 싸움에서 사로잡혀 갔던 이가 돌아와 이렇게 말하였다.

"용인전투에서 승리하고 서울에 들어간 적의 장수들이 '조선에는 사람이 없는데, 다만 해군만이 상대하기 어렵다' 하니, 와키자카 야스하루라는 자가 팔을 휘두르며 '내가 담당하지' 하고 큰소리를 쳤다고 합니다. 그래서 적들이 와키자카 야스하루를 수군 대장으로 삼았는데, 한산해전의 적장이 바로 그자였습니다."

그뒤 웅천 사람 제만춘이 일본에서 확인한 바로는, 조선

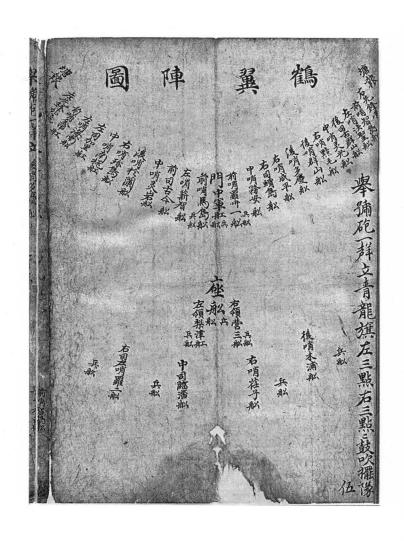

《우수영 전진도첩戰陣圖帖》속에 들어 있는 학익진의 모습.
1780년대 이후 작성된 것으로 추정된다.

아군은 조선 배를 30리쯤 뒤쫓았다. 좁은 해협을 빠져나가 넓은 바다에 다다르니, 조선 배들이 갑자기 뱃머리를 돌렸다. 그들은 아군의 배를 포위한 다음 앞뒤로 들락거리며 공격해 왔다. 그때마다 많은 수의 사상자가 발생하였다. 하는 수 없이 좁은 해협으로 퇴각하려 하였으나, 조선 배들이 퇴로를 차단하고 있었다. 그들이 어지러이 불화살을 쏘아대니 아군의 배는 불길에 휩싸이고 말았다. 이 때문에 가신 와타나베를 비롯한 많은 사람들이 전사하였다. 내가 탄 대장선은 노가 많았기 때문에 그곳에서 가까스로 도망칠 수 있었다. 도중에 조선군의 공격으로 갑옷에 화살을 맞았다. 매우 위험한 상황에서 구사일생으로 빠져나오는 데 성공하였다.

―《와키자카기》脇坂記

적은 원래 수군과 육군의 세력을 합쳐 서쪽을 공략하려고 하였다. 하지만 이 한 번의 싸움으로 마침내 적의 한쪽 팔이 잘려버리고 말았다. 고니시 유키나가는 비록 평양을 점령하였지만, 형세가 고립되어 더 이상 진격할 수 없었다. 우리는 전라도와 충청도를 보존함으로써, 황해도와 평안도 연안 일대에 군량을 조달하고 지휘 전달체계를 가능케 하여, 나라를 중흥할 수 있었다. 뿐만 아니라 요동과 천진 등의 지역이 전쟁의 화를 피하게 되어, 명나라 군대가 육로를 통해 우리를 구원할 수 있었다. 이는 모두 이순신이 이 한 번의 싸움에서 이겼기 때문이다.

—《징비록》

수군과 싸워 패해서 죽은 왜병의 수가 9천여 명이나 된다고 하였다. 그는 일본군에 사로잡혀 일본에 가서 서기 노릇을 하고 있었는데, 그때 대마도에서 보내온 그자들의 공문서를 보았다.

이번 싸움의 공으로 이순신은 정헌대부로 승진하였다.

7월 9일 이순신은 한 무리의 왜선이 안골포에 진을 치고 있다는 말을 들었다. 그는 이억기, 원균 등과 함께 군사를 거느리고 안골포에 이르렀다. 적들은 배를 쇠로 싸고 젖은 솜으로 가렸는데, 우리 군사를 보고는 죽기로 싸울 계획이었다. 어떤 자들은 총을 가지고 언덕 위로 올라가고, 일부는 배에서 항전하였다. 하지만 우리 군사들이 승세를 타고 적을 몰아치자, 그들은 당해 내지 못하였다. 언덕에 있던 자들은 달아나고, 배에 있던 자들은 모두 죽었다. 적의 배 42척을 불태워 부수었다.

9월 1일 이순신은 이억기, 원균, 조방장 정걸 등과 함께 의논하며 말하였다.

"부산이 적의 근거지가 되어 있으니, 그 소굴을 없애버려

야만 적의 간담이 떨어지게 될 것이다."

그리하여 함께 나아가 부산에 이르렀다. 적군은 여러 번 패배한 뒤라, 아군의 위엄이 무서워 감히 나오지 못하였다. 오직 높은 데로 올라가 총을 쏠 따름이었으므로, 빈 배 백여 척을 깨뜨렸다. 이 싸움에서 녹도만호 정운이 탄환에 맞아 숨졌다. 이순신은 몹시 슬퍼하며 친히 글을 지어 제사 지냈다.

이순신은 따로 정미 5백 석을 한 곳에 쌓아 봉해 두었다. 사람들이 무엇에 쓸 것이냐고 묻자, 이렇게 대답하였다.

"지금 상감께서 의주에 피란을 가 계신데, 평양에 있는 적군이 만일 서쪽으로 또다시 쳐들어가게 되면, 임금의 수레는 장차 바다(압록강)를 건너게 될 것이다. 그러면 수군의 장수 직책을 맡고 있는 나는 마땅히 배를 가지고 바다를 올라가 임금의 수레를 모셔야 한다. 만일 하늘이 저 중국을 망하지 않게 한다면 다시 회복을 도모할 수 있을 것이요, 비록 불행하게 되더라도 임금과 신하가 함께 내 나라 땅에서 죽는 것이 옳지 않느냐. 더욱이 내가 살아 있는 동안에는 적이 결코 우리를 범하지 못할 것이다."

정운이 승세를 타고 공격에 앞장섰다. 적은 5백여 척의 배를 해안에 정박해 둔 채 기다리고 있었다. 조방장 정걸이 정운에게 말하였다.

"날이 저물기 시작했고 적의 형세도 대단하오. 군사들에게 휴식을 주고 형편을 헤아려야 하오. 내일 날이 밝기를 기다려 결전하는 것이 이로울 것이오."

"내 결단코 적과 함께 살지 않기로 맹세했느니, 어찌하여 내일까지 기다린단 말이오."

이렇게 대답한 정운은 노를 저어 앞으로 나갔다. 이순신의 대부대가 정운의 뒤를 따랐다. 아군의 기세가 두려웠던 적은 배를 버리고 언덕 위로 올라가 마구 총을 쏘아댔다. 이순신은 함선을 넓게 벌려 포구를 에워싼 채 공격하였다.

수많은 적이 죽임을 당하고, 적의 배 1백여 척이 파괴되었다. 왜적은 언덕에서 내려다보면서도 감히 구원하지 못하였다. 오래도록 싸움이 계속되면서 날이 완전히 저물었다. 이순신의 수군은 배를 돌려 물러났다. 바다

가운데로 나오기 직전에 정운은 그만 날아온 탄환에 맞아 숨을 거두고 말았다. 이순신은 통곡하며 말하였다.

"나라가 바른팔을 잃었구나!"

이때 부산은 많은 수의 왜적이 오랫동안 머물며 성벽과 누각을 세운데다 왜선이 포구를 가득 메워 그들이 웅거하고 있는 모습이 매우 장엄하였다. 그곳을 쉽사리 함락시킬 수 없다고 깨달은 이순신은 군사를 수습해 한산도 본영으로 돌아왔다.

—《선묘중흥지》

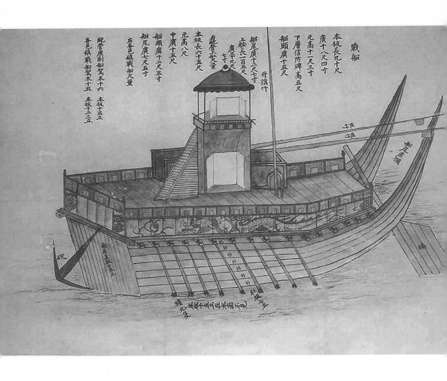

戰舡

本板長九十尺
廣十八尺四寸
元高十尺二寸
下層信防牌高五尺
舡頭廣十五尺

舡尾廣十尺七寸
大板長一百尺
廣洋元尺七寸
槍窓每�✕改
本板長六十五尺
元長八尺
中廣十五尺
舡頭廣十三尺五寸
舡尾廣十尺五寸
右舷橫戰舡十尺量
舡尾廣十二尺七寸
左舷橫戰舡四十六 本板十五立
本板十五立
本板十二五立

升旗竹

여작도

조선 후기의 것으로 추정되는 《각선도본》各船圖本 속의 판옥선 개념도. 판옥선은
16세기 중엽부터 건조하기 시작한 배로 조선시대 군함 가운데 규모가 가장 컸다.

고서화 속의 거북선 그림. 임진전쟁 이후 거북선 기지창을 그린 그림으로
추정되며, 일본에서 발견된 것을 재미동포 윤원영 씨가 구입해 공개하였음.

1593년 2월 8일 이순신은 이억기와 적을 토벌할 일을 의논하고 배를 띄워 부산으로 나아갔다. 웅천에 거점을 둔 적병이 부산 가는 길목을 틀어쥐고 있었다. 그들은 험준한 곳에 배를 감추어 소굴을 많이 만들어두었다. 이순신은 복병을 감춘 채 유인도 해보고, 드나들며 싸움도 걸어 보았다. 하지만 왜군은 아군의 위엄을 겁내 바다 가운데로 나오지 않았다. 다만 가볍고 빠른 배가 포구에 불쑥 나타나 엿보다가는 곧 소굴로 들어갔다. 그들은 동서 양쪽 산기슭에 기를 잔뜩 세우고, 높은 데 올라가 총질을 해댔다. 겉으로만 교만하고 횡포한 모습을 보이는 것이었다.

우리 군사들은 적을 쳐부수지 못하는 분함을 삭이지 못하고, 좌우에서 일제히 내달아 대포와 화살을 퍼부었다. 형세가 바람과 우레 같았다. 이렇게 하기를 종일토록 하자 엎어지고 넘어져 죽는 자가 얼마인지 몰랐다.

좌별도장 이설과 좌돌격장 이언량이 왜적 수백 명이 타고 있는 왜선 3척을 끝까지 뒤쫓았다. 그들 가운데서 금 투구에 붉은 갑옷을 입은 적장이 큰 소리로 외치며 노를 재촉하고 있었다. 우리 군사들이 피령전皮翎箭을 쏘아 맞히니, 적의 괴수는 바닷속으로 거꾸러졌다. 나머지 왜적도 모두 쏘아 죽였다.

2월 22일 이순신은 이억기를 비롯한 다른 장수들과 의논하며 말하였다.

"적이 우리의 위엄을 무서워하여 여러 날 동안 나오지 않으므로, 싸워도 모조리 없앨 수가 없다. 하지만 바다와 육지에서 동시에 공격한다면, 적의 기세를 꺾을 수 있을 것이다."

이순신은 곧 3도 수군에 명령하여 각기 작고 튼튼한 배 5척씩을 내어 적선이 줄지어 정박해 있는 곳으로 돌격하게 하였다. 또한 승병과 3도의 날랜 활잡이들이 타고 있는 10여 척의 배에도 동쪽의 안골포와 서쪽의 제포에 정박한 다음 육지에 올라가 진을 치게 하였다.

그랬더니 적은 수륙 양쪽에서 공격해 오는 것을 겁내어 동서로 우왕좌왕 분주히 움직이며 응전하였다. 우리 군사들이 바다와 육지 좌우에서 돌격하며 만나는 대로 쳐부수니, 왜적들은 발을 구르며 통곡할 뿐이었다.

이때 이응개와 이경집 등이 승세를 타고 다투어 돌진하며 적선을 쳐부수다가, 배를 돌리면서 두 배가 서로 부딪쳐 그만 뒤집어지고 말았다.

이순신은 곧 장계를 올렸다.

"신이 재주도 없이 외람되이 무거운 소임을 맡았기에, 밤낮으로 근심하며 조그마한 공이라도 세워 은혜를 갚고자 하였사옵니다. 지난해 여름과 가을에 흉악한 적들이 독기를 부리며 수륙으로 침범해 왔을 때, 다행히 하늘의 도우심으로 여러 번 승리를 거두었습니다. 번번히 이기는 바람에 부하 군사들의 교만함이 날로 더해져, 그저 돌격해 싸우기를 다투며 남에게 뒤쳐질까봐 걱정하였습니다. 적을 업신여기면 반드시 패한다는 이치를 들어 신이 두 번 세 번 당부하였건만, 그런데도 여전히 주의가 부족하여 통선 한 척이 전복되고 많은 사망자가 발생하였습니다. 이것은 신이 군사를 잘 거느릴 줄 모르고, 또한 지휘하는 방략이 어긋났기 때문입니다. 참으로 황공하기 그지없사와 엎드려 죄 주시기를 기다리나이다."

본영이 전라도에 치우쳐 있기 때문에 해상을 막고 지휘하기가 어려웠다. 7월 15일 이순신은 진을 한산도로 옮길 것을 청하였다. 조정에서도 이를 허락하였다. 한산도는 거제도 남쪽 30리에 자리한 섬이었다. 산 하나가 바다의 굽이를 껴안아 섬 안에 배를 감출 수 있고, 밖에서는 그 속을 들조용히 생각해 보건대, 호남은 나라를 지키는 최후의 보루입니다. 만일 호남이 없어진다면, 이는 곧 나라가 없어지는 것입니다若無湖南 是無國家. 그런 까닭에 어제 한산도로 나아가 진영을 설치하였습니다. 이곳에서 바닷길을 끊고 왜적을 저지할 계획입니다.

　　　　　　　　　　　　— 현덕승*에게 보내는 편지(1593.7.16)

＊　　현덕승은 이순신의 외가쪽 친척이다. 이순신이 한산도로 진을 옮긴 이유와 당시 전략적으로 호남의 중요성을 설명하는 이 편지 속 구절은 지금도 널리 인용된다.

여다볼 수 없었다. 뿐만 아니라 적의 배가 전라도로 가자면 반드시 거쳐야 하는 곳이었다. 이순신은 늘 그곳이 지세가 뛰어난 요충지라고 여겨왔는데, 이때서야 한산도에 진을 치게 되었다. 나중에 명나라 장수 장홍유가 이 섬에 올라 한참을 바라보다가 말하였다.

"참으로 진을 치기에 좋은 터로구나."

8월에 조정은 이순신을 삼도수군통제사로 삼고, 본직을 그대로 겸하게 하였다. 3도의 수사水使가 서로 통섭되지 못하므로, 반드시 전체를 주관하는 장수가 있어야 하겠다 싶어서였다. 원균은 자기가 선배인데 도리어 이순신의 지휘를 받게 된 것을 부끄럽게 여겼다. 이순신은 그런 그를 늘 너그럽게 대해 주었다.

이순신은 진중에 있으면서 늘 군량을 걱정하였다. 백성들을 모아 둔전을 짓게 하고, 사람을 시켜 고기를 잡게 하였다. 또한 소금을 굽고 질그릇을 만드는 일에 이르기까지 아니하는 일이 없었다. 그것을 배로 실어내 판매하니, 몇 달이 채 되지 않아 쌓인 곡식이 수만 석이 되었다.

이순신은 진중에서 일체 여색을 가까이 한 일이 없고, 매 이순신은 통제사로서 진중에 머물면서 밤낮으로 경계를 늦추지 않아 갑옷을 벗는 일이 없었다. 견내량에서 왜적과 대치하고 있을 때의 일이다. 달빛이 교교하게 밝은데, 모든 선박은 이미 닻을 내리고 있었다. 갑옷을 입은 채 북을 베개 삼아 잠시 누워 있던 이순신이 홀연히 일어나 앉았다. 그리고 술상을 들이라 하고 장수들을 불렀다. 술을 한잔 들이켠 다음 이순신이 말하였다.

"오늘 밤 달이 참 밝구나. 적이 간사한 꾀를 잘 쓰니 달빛이 없을 때도 본시 습격해 오지만, 달이 밝을 때도 공격해 올 테니 마땅히 경비를 엄히 하라."

말을 마치고는 신호용 영각螺角을 불어 배의 닻을 올리게 하였다. 또한 척후선에 전령을 띄워 보냈다. 잠들어 있는 척후병들을 깨워 기습에 대비하도록 하였다. 얼마 지나지 않은 시각에 척후가 달려와 적의 기습을 전하였다.

서산에 걸린 달 그림자가 바다에 비쳐 바다의 반쪽이 어두워졌다. 그 어둠 속에서 무수히 많은 적의 배가 몰려오고 있었다. 이때 이순신의 명령에 따라 아군이 대포를 쏘며 공격을 개시하였다. 왜적들 역시 조총을 쏘며 대응하였다. 총소리가 바다를 흔들고, 총알이 비오듯 쏟아졌다. 그러나 적은 우리의 공격을 당해 내지 못하고 결국 물러갔다. 곁에서 지켜본 장수들은 이순신을 신으로 여겼다.

　　　　　　　　　　　　　　　　　　　　—《징비록》

일 밤 잠을 잘 때도 허리띠를 풀지 않았다. 겨우 한두 잠 자고 나서는 사람들을 불러들여 날이 샐 때까지 의논하였다. 또 먹는 것이라고는 아침저녁 합해 5~6홉뿐이었다. 지켜보는 사람들이 너무 적게 먹고 지나치게 일에 몰두하는 것을 크게 걱정하였다.

이순신은 보통사람보다 정신이 배는 강한 사람이었다. 이따금 손님과 한밤중까지 술을 마시고도 닭이 울면 반드시 촛불을 밝히고 일어났다. 일어나 앉아 문서를 보거나 혹은 전술을 익혔다.

1594년 1월 11일 이순신은 순풍이 실어다주는 배를 타고 어머니가 계신 곳을 찾아가 뵈었다. 이튿날 작별을 고하니 어머니께서 말씀하였다.

"어서 진중으로 기쁘게 달려가서 나라의 치욕을 크게 씻어라."

이순신의 어머니는 이렇게 두 번, 세 번 타이르시며 조금도 작별을 서운해 하지 않았다.

3월에 명나라 관리 담종인이란 자가 일본과 강화를 맺는

일 때문에 웅천 적진에 왔다. 그는 이순신에게 보낸 공문에서 이렇게 말하였다.

"일본의 여러 장수들이 갑옷을 벗고 전쟁을 하지 않겠다 하오. 그대는 속히 본고장으로 돌아갈 것이며, 행여 일본 진영에 가까이 가서 혼란을 일으키는 일이 없도록 하시오."

이순신은 답장을 써 보냈다.

"영남 연해안이 우리 땅 아닌 곳이 없는데, 나에게 일본 진영에 가까이 하지 말라 함은 무슨 말이오. 또 나에게 속히 본고장으로 돌아가라 하니, 그 본고장이란 어느 쪽을 가리키는 것이오. 왜적들은 신의가 없는 자들이라서, 화친을 바란다는 말은 속임수에 지나지 않소. 나는 조선의 신하요. 의리상 이 도적들과는 한 하늘을 이고 살 수 없소."

이때 이순신은 전염병에 걸려 병세가 몹시 위중하였다. 그럼에도 불구하고 하루도 자리에 눕지 아니하고 이전과 똑같은 모습으로 일을 보았다. 자제들이 휴양하기를 청하였을 때, 이순신은 이렇게 말하였다.

"적을 상대하는 사이의 승패는 한순간에 결정된다. 장수 된 자가 죽지 않았는데 어찌 누울 수가 있단 말이냐."

새벽녘에 임금의 밀지가 당도하였다. "바다와 육지의 장수들이 아무 일도 하지 않고 멀리 물러나 팔짱만 낀 채 나아가 적을 무찌를 계책 하나 세우지 않고 있다"고 하였다. 3년 동안이나 바다에 나와 있는데, 그럴 리가 만무하다. 죽음으로써 원수를 갚을 것을 여러 장수들과 나날이 맹세하건만, 적이 험준한 곳에 소굴을 만들어 웅거하고 있으니 가벼이 나아가 치지 못했을 뿐이다. 나를 알고 적을 알아야 백 번을 싸워도 위태롭지 않다고 하지 않던가. 연신 바람이 불었다. 초저녁에 촛불을 밝히고 홀로 앉아 생각하니, 나랏일이 넘어지고 뒤집혀도 이를 구할 계책이 보이지 않는구나. 어찌하랴, 어찌하랴.*

—《난중일기》(1994.9.3)

*   명나라와 일본의 강화협상이 진행되면서 전쟁은 소강 국면을 맞고 있었다. 명나라 장수가 왜적과의 전쟁을 멈추라는 패문을 보내오는가 하면, 왜군은 경상도 연안지방에 왜성을 쌓고 웅거하였다. 일본 수군도 이순신과의 전면전을 회피한 채 왜성 근처의 포구 깊숙이 함대를 배치해 두었다. 일본 수군을 공격하자면 육지의 적들도 상대해야 하는 상황이었다. 앞뒤에서 협공당할 수 있어 동쪽 바다 멀리 작전을 전개하기도 어려웠다.

신은 여러 차례 큰 전투를 치르면서 왜인들의 조총을 많이 습득하였습니다. 늘 눈앞에 두고 그 교묘한 이치를 실험해 보았습니다. 조총은 몸체가 길어서 총구도 깊고, 따라서 탄환이 발사되는 기세가 맹렬해 탄환에 맞으면 모두 부서지고 맙니다. 우리의 승자총통과 쌍혈총통은 몸체가 짧고 총구가 얕아 맹렬함이 왜인들의 것만 못하고 소리도 웅장하지 않습니다.

조총을 늘 만들어 보려 하다가 신의 군관 정사준이 교묘한 방법을 창안해 대장장이 낙안 수군 이필종… 등과 함께 정철正鐵을 두드려 만들었습니다. 몸체가 아주 정교하게 만들어지고 탄환이 세차게 발사되어 조총과 똑같습니다. … 한 자루는 전 순찰사 권율 앞으로 보내 각 고을에서 같은 모양으로 제조하게 하였습니다. 지금 적을 막을 방법으로 이보다 나은 것은 없습니다. 조총 5자루를 봉인해 올려보내니, 각 도와 고을에서 제조할 수 있도록 조정에서 명을 내려주십시오.*

— 이순신 장계 (1593.8)

---

* 이순신이 임진왜란에 앞서 거북선을 건조한 일은 잘 알려져 있다. 또한 그는 자신의 병영에서 천자총통, 지자총통 같은 무기를 직접 생산하였다. 조총의 구조를 연구해 제작해 내고, 왜군에 맞설 무기로 만들자는 이순신의 실사구시적 노력은 놀랍다.

한산도 이 충무공 유적. 운주당 자리에 영조 때 세운 제승당을 비롯하여
이순신의 영정을 모신 충무사, 수루, 한산대첩비 등이 들어선 역사적인 장소이다.

이순신은 12일 동안이나 억지로 병마와 싸웠다.

1593년과 1594년 사이에 전염병이 크게 퍼졌다. 진중의 군사와 백성들 가운데 죽는 자가 잇따랐다. 이순신은 담당하는 관리를 정해 유골을 거두어 묻게 하고, 또한 글을 지어 제사를 지내 주었다.

어느 날 또다시 제문을 지어 전염병으로 죽은 사람들을 제사 지내게 하였다. 그날 새벽에 꿈을 꾸었는데, 한 무리의 사람들이 앞으로 나와 원통함을 호소하였다. 이순신이 왜 그러는지를 묻자 그들이 대답하였다.

"오늘 제사에서 전사자와 병사자 모두 제삿밥을 얻어 먹었지만, 우리들만 그 속에 함께하지 못하고 있습니다."

"그대들은 무슨 귀신인가?"

이순신이 물었다.

"물에 빠져 죽은 귀신입니다."

귀신들이 대답하였다. 이순신은 자리에서 일어나 제문을 살펴보았다. 과연 물에 빠진 사람에 관한 내용은 적혀 있지 않았으므로, 다시 제사 지내도록 명령하였다.

이순신은 전쟁 무기 가운데 총통銃筒보다 더 뛰어난 것은 없다고 생각하였다. 총통을 만들기 위해서는 구리와 철이 필요한데, 보유하고 있는 것이 없었다. 그래서 민간에서 널리 거두어 들였더니, 한꺼번에 얻은 것이 8만여 근이나 되었다. 그것으로 총통을 주조하여 각 배에 나누어 주었더니, 다 쓰기 어려울 만큼 넉넉하였다.

이순신은 일찍이 달밤에 시를 지어 읊었다.

수국水國에 가을빛이 저무니 水國秋光暮
추위에 놀란 기러기 떼 높이 나는구나 警寒雁陳高
근심으로 뒤척이며 잠 못 이루는 밤 憂心轉輾夜
새벽달이 활과 칼을 비추네 殘月照弓刀

또 시조 한 수를 읊었는데, 노랫말이 몹시 격렬하였다.

한산섬 달밝은 밤에 수루에 홀로 앉아
큰 칼 옆에 차고 깊은 시름 할 때에
어디서 한 줄기 피리소리 남의 애를 끊나니

이순신은 장수로서 간결하게 다스리면서도 법도가 있어 한 사람도 함부로 죽이지 않았다. 삼군 가운데 감히 명령을 어기는 사람이 없었고, 자신의 신분을 과시하며 복종하려 들지 않던 사람도 이순신의 풍모 앞에서는 저절로 허리를 굽혔다. 일을 처리할 때는 과단성 있게 하여 추호의 흔들림도 없었다. 형벌을 내리거나 상을 줄 때도 신분의 귀천이나 친소 관계를 고려해 가볍게 하거나 무겁게 하는 일이 일체 없었다. 그런 그를 아랫사람들은 두려워하면서도 사랑하였다.

— 〈통제사 이충무공 유사〉

원균은 이순신의 지위가 자기보다 위인 것을 원망하였다. 그것은 이순신이 자신을 밀쳐낸 때문이라고 사람들을 만날 때마다 눈물을 흘리며 이야기하였다. 뿐만 아니라 싸움에 나가서도 이순신의 명령을 듣지 않았다. 이순신은 적과 맞서 싸우는 상황에서 급기야 큰일을 그르치지나 않을까 걱정하였다.

이순신은 1595년 2월에 자신의 직책을 바꾸어달라고 장계를 올렸다. 하지만 조정에서는 대장을 갈 수는 없다 하여, 원균을 충청병사로 전임시켰다.

배설이 원균을 대신하여 수사가 되었다. 배설은 제 자랑이나 하는 교만한 자여서 일찍이 남에게 마음을 굽힌 적이 없었다. 진중에 와서 이순신이 일처리하는 것을 보고 나와서는 사람들에게 이렇게 말하였다.

"이 섬에 와서 호걸을 만나볼 줄은 생각지도 못하였다."

8월에 정승 이원익이 도체찰사가 되어 영남과 호남으로 내려왔는데, 부체찰사와 종사관들이 수행하였다. 이원익이 전라도에 이르자 수군들의 진정서가 수없이 많이 들어왔다. 이원익은 그것을 일부러 처결하지 아니하고 한데 말아 두루 마리를 만들었다. 그리고 진주로 싣고 가서 이순신을 불러 의논하였다. 관리를 시켜 수군의 진정서를 이순신 앞에 쌓아놓으니, 몇 백 장인지 알 수 없었다.

이순신은 오른손에 붓을 쥐고 왼손으로 종이를 끌어당기며 물 흐르듯 처결하였다. 잠깐 사이에 일을 모두 끝마쳤다. 이원익과 부체찰사들이 처결 내용을 확인해 보니, 모두가 다 사리에 합당하였다. 도체찰사 이원익이 놀라며 물었다.

"우리는 도저히 이렇게는 할 수 없겠거늘, 공은 어찌 그리 능란하오?"

이순신이 대답하였다.

"모두 수군에 관계된 일이라서 늘 보고 듣고 해온 일이기 때문입니다."

이원익 일행은 이순신의 배에 같이 타고 한산 진중으로 들어가 진의 형세를 두루 시찰하였다. 그들이 조용히 유숙하고 돌아가려 하자, 이순신이 청하며 말하였다.

"군사들은 틀림없이 대감이 잔치도 열고 상도 내려주실 것으로 생각할 터인데, 그런 행사가 없으면 실망할까 염려됩니다."

이원익이 말하였다.

"정말 옳은 말이오. 그런데 진작 준비해 오지 못했으니 어쩐단 말이오?"

이순신이 다시 말하였다.

"제가 대감을 위해 미리 마련해 두었으니, 허락만 하시면 대감의 분부라 하고 잔치를 열겠습니다."

이원익은 크게 기뻐하였다. 마침내 성대한 잔치를 베푸니, 온 군중이 좋아라고 날뛰었다. 이순신이 죽은 뒤에 이원익은 이 일을 떠올리며 탄식하였다.

"이 통제는 참으로 큰 인물이었지."

《오리집》梧里集*을 살펴보면, 인조 때에 이원익이 궁궐에 들어가 임금을 뵙고 아뢴 내용이 들어 있다.

"신이 체찰사가 되어 영남에 있을 적에 순시차 한산도에 이르러, 이순신의 진영을 살펴보았습니다. 그가 계획해 놓은 것을 보니 참으로 규모가 있었습니다. 뿐만 아니라 신이 돌아오려 할 무렵에 이순신이 신에게 은밀히 말하는 것이었습니다. '대신께서 이곳까지 오셨는데, 임금님의 뜻을 받들

* 조선 중기의 문신으로 우의정, 영의정 등을 지낸 이원익의 시문집.

이순신을 바다의 신으로 묘사한 민화.

이순신이 원균을 구원해 준 다음 두 사람은 좋은 관계를 유지하였다. 얼마의 시간이 흐르고 원균이 공을 다투면서 둘의 사이는 차츰 벌어지기 시작하였다. 본디 원균은 성정이 음흉하고 간사하였다. 그는 사람들과 작당하여 이순신을 모함하였다.

　　"이순신은 처음에 구원하러 오지 않으려고 하였는데, 내가 여러 차례 요청한 다음에야 마지못해 온 것이오. 그러니 공으로 치면 내가 가장 으뜸일 것이오."

　　조정의 의론도 둘로 갈렸다. 내가 이순신을 추천하였기 때문에, 나와 사이가 좋지 못한 사람들은 모두 원균을 지지하였다. 그러자 우상 이원익이 잘못된 내용을 밝히고 나섰다.

　　"이순신과 원균은 각각 맡은 지역이 달랐으니, 처음에 구원하러 오지 않았다고 해서 크게 문제될 것은 아니오."

—《징비록》

원균은 또 유언비어를 유포하여 말하였다.

"이순신이 오랫동안 해도海道를 점거해 병사와 백성들의 마음을 얻었으니, 사람들은 그를 해왕海王이라 부른다. 국가에 이롭지 못할까 두려울 따름이다."

그러자 임금 또한 이순신을 의심해 체찰사 이원익으로 하여금 은밀히 단서를 찾아내도록 하였다. 이원익은 두 차례나 비밀 장계를 올려 임금께 이순신의 충성심을 아뢰었다. — 〈통제사 이충무공 유사〉

어 타이르고 또한 상을 주어 격려하지 않을 수는 없습니다.'
신은 그 말을 듣고 크게 깨달았습니다. 곧 군중에 명령을 내
려 한편으로는 무예를 겨루게 하고, 또 한편으로는 상을 내
렸습니다. 소를 30여 마리 잡아 군사들을 먹였사옵니다."

이원익이 인조에게 이렇게 아뢰자, 인조가 말하였다.

"이순신은 참된 장군이었구려. 그 마음 씀씀이와 지혜도
가상하였군."

원균은 충청도에 있으면서도 여전히 이순신을 비방하는
것으로 일을 삼았다. 이순신을 참소하는 말이 날마다 조정
에 이르렀다. 하지만 이순신은 조금도 변명하려 하지 않았
을뿐더러, 입을 다문 채 원균의 잘못을 말하지 아니하였다.
자연스레 당시의 여론은 원균이 옳은 줄 알고, 이순신을 밀
쳐내려 하였다.

1596년 겨울, 거제도에 진을 치고 있던 왜장 고니시 유키
나가는 이순신의 위엄과 명망을 두려워해 온갖 계책을 짜내
고 있었다. 궁리 끝에 그는 자신의 부하 요시라로 하여금 반
간계反間計를 꾸미며 아군의 사이를 이간질하였다.

요시라는 경상좌병사 김응서를 통해 도원수 권율에게 이렇게 전하였다.

"고니시 유키나가가 가토 기요마사와 서로 틈이 생겨 그를 죽이려고 합니다. 가토 기요마사가 지금은 일본에 있는데 오래잖아 다시 올 것입니다. 그가 오는 때를 정확히 알아 가지고 가토 기요마사가 탄 배를 조선측에 알려줄 터이니, 통제사로 하여금 수군을 거느리고 나가 바다 가운데에서 맞아 싸우게 하십시오. 그러면 백전백승하는 조선 수군의 위세로 가토 기요마사를 잡아 목 베지 못할 리가 없을 것입니다. 조선의 원수도 갚게 될 것이요, 고니시 유키나가의 마음도 통쾌해질 것입니다."

요시라는 거짓 충성과 신의를 내보이면서 간절히 권유하였다. 조정에서는 이 말을 듣고 가토 기요마사의 머리를 얻을 수 있다는 생각에, 그들의 술책에 빠지는 것인 줄은 알지 못하였다. 그리하여 이순신에게 칙령을 내려 요시라의 계책을 따르도록 하였다.

1597년 1월 21일 권율 원수가 한산도에 이르러 이순신에게 일렀다.

"가토 기요마사가 머지않아 다시 온다고 하니, 수군은 반드시 요시라의 말대로 따르시오. 삼가 기회를 잃지 않도록 하시오."

이때는 조정이 한창 원균의 말을 믿고 이순신을 비방하던 때였다. 비록 마음속으로는 요시라에게 속는 것인 줄 알면서도, 이순신은 그 같은 지시를 차마 물리쳐 버릴 수는 없었다. 권율이 육지로 돌아간 지 겨우 하루 만에 웅천에서 보고가 당도하였다.

"지난 1월 15일 가토 기요마사가 장문포에 와 닿았습니다."

조정에서는 가토 기요마사가 무사히 도착하였다는 말을 듣고, 이순신이 그를 사로잡지 못한 것만 책망하였다. 대간들이 들고 일어나 적을 놓친 죄로 이순신에게 벌을 내리기를 청하였다. 마침내 이순신을 잡아다 국문하라는 어명이 내렸다.

이때 이순신은 수군을 거느리고 가덕 바다에 나가 있던 중이었다. 자신을 잡아 올리라는 명령이 내렸음을 듣고 곧 본진으로 돌아왔다. 이순신은 진중의 비품을 계산하여 새 통제사 원균에게 인계하였다. 본영 밖에 있는 것을 계산에 넣지 않은 군량미가 9,914석, 화약은 4천 근에 이르렀다. 각 함선에 나누어 탑재한 수량을 제외하고도 따로 3백 자루의 총통이 있었다. 그 밖의 다른 물품들도 이처럼 수량을 헤아려 인계하였다.

영남에 머물고 있던 도체찰사 이원익은 이순신을 잡아 올리라는 명령이 내렸다는 말을 듣고 곧 장계를 올렸다.

"왜적이 제일 무서워하는 것은 우리 수군입니다. 이순신을 바꾸어서는 안되며, 원균을 보내서도 안될 일입니다."

조정에서 말을 듣지 않으므로 이원익은 탄식하였다.

"이제는 나랏일도 다시 어찌할 방법이 없게 되었다."

2월 26일에 이순신은 체포된 몸이 되어 길을 떠났다. 지나는 곳마다 백성들이 남녀노소 없이 이순신을 에워싸고 통곡하였다.

"사또, 어디로 가십니까? 이제 우리는 다 죽었습니다."

이순신은 3월 4일 저녁에 감옥에 수감되었다. 그때 어떤 이가 와서 말하였다.

"임금께서 몹시 진노하시고 조정의 여론이 엄중하여, 사태가 어찌될지 알 수 없으니, 이 일을 어쩌면 좋겠습니까?"

이순신은 태연히 대답하였다.

"죽고 사는 것은 하늘에 달려 있으니, 죽어야 한다면 죽어야지요."

이때 임금(선조)은 어사 남이신을 한산도에 내려 보내 사실을 조사해 오게 하였다. 남이신 역시 이순신을 모함하려 하였기에, 돌아와 임금께 아뢰었다.

"가서 들으니까 가토 기요마사가 바다를 건너오다가 섬에 걸려 이레 동안이나 꼼짝 못했는데도, 이순신은 나가서 잡지 않았다고 합니다."

이날 경림군 김명원이 궁궐에 들어가 임금께 경전을 강독하다가 아뢰었다.

"왜적들이 뱃일에 익숙한데 이레나 섬에 걸렸다는 말은 빈말인 듯합니다."

임금이 대답하였다.

"내 생각 역시 그러하다."

그뒤 원균이 패하고 이순신이 다시 통제사가 되어 큰 공을 세웠을 때의 일이다. 지난날 어사를 지낸 남이신이 홍문관 당직이 되어 들어가자, 한 동료가 그에게 물었다.

"이레나 섬에 걸렸더라는 소문을 대관절 어디서 들었는가? 나도 그때 마침 전라도를 순시하고 있을 때인데, 나는 전연 그런 소문을 듣지 못했는 걸."

이 말을 들은 남이신은 부끄러운 빛을 띠었다.

3월 12일에 문초가 시작되었다. 이순신이 묶여 들어오던 초기에는 수군 장수들의 친척 가운데 서울에 있던 자들은 혹시나 이순신이 죄를 다른 여러 장수들에게 돌리지 않을까 걱정하고 두려워하였다. 하지만 심문을 받게 된 이순신은 다만 일의 전말을 정연하게 진술할 뿐, 조금도 다른 사람을 끌어들이는 일이 없었다. 모두들 탄복하여 심지어 이순신의 얼굴이라도 한 번 보고 싶어하는 사람까지 있었다.

이순신이 옥에 갇혀 있을 때 전라우수사 이억기가 이순신에게 글을 보내 안부를 물었다. 이억기는 심부름꾼을 보내며 울면서 말을 전하였다고 한다.

"수군은 오래잖아 패할 것이오. 우리들은 어디서 죽을지 모르겠소."

이때 함경도 병사 몇 사람이 과거 보러 서울에 올라왔다

임진전쟁 7년 동안 왜적과 싸우는 틈틈이 기록한 이순신의 일기.
〈임진일기〉 등 7권으로 이루어져 있으며,《이충무공전서》에
수록된《난중일기》의 초본이다.

가 이순신이 옥에 갇혔다는 말을 들었다. 그들은 비분강개하여 이순신을 석방해 북병사로 임명해 주기를 청하는 장계를 올리려고 하였다.

이순신은 4월 1일에 특사를 받았다. 권율 도원수 밑에서 백의종군하며 다시 공을 세우라는 명령이 내려졌다.

4월 11일에 이순신의 어머니께서 돌아가셨다. 이순신은 자신을 압송해 가는 의금부도사에게 간청하여 상복을 입고 길을 떠났다. 그는 통곡하며 말하였다.

"나라에 충성을 다하려고 했건만 죄가 이미 이 지경에 이르렀고, 어버이에게 효도하려고 했건만 어버이조차 돌아가시고 말았구나."

7월 16일에 원균이 과연 패하였다. 이억기도 죽고, 3도 수군이 모두 적에게 전멸당하였다. 이순신은 그때 합천 초계에 있었다. 권율 도원수가 이순신을 진주로 보내 흩어진 군사들을 거두어 모으게 하였다.

새벽 꿈이 아주 어지러웠다. … 술에 취한 것 같기도 하고 마치 미친 것 같기도 하여 도무지 안정이 되지 않았다. 무슨 조짐일까. 병든 어머님이 그리워 절로 눈물이 배어나왔다.   —《난중일기》1997.4.11

식사를 일찍 마친 뒤 어머님을 마중하러 갔다. … 한참 뒤에 사내종 순화가 와서 어머님의 별세 소식을 전하였다. 무너지는 슬픔에 밖으로 달려나가 가슴을 치며 발을 굴렀다. 하늘의 해가 까맸다. 곧장 게바위로 달려갔다.   —《난중일기》1997.4.13

의금부 서리 이수영이 공주에서 왔다. 갈 길을 재촉하였다.   —《난중일기》(1997.4.17)

일찍 나와 길을 나섰다. 어머님의 영연靈筵 앞에 하직인사를 올렸다. 목놓아 울었다. 어찌하랴, 어찌하랴. 천지간에 나 같은 일이 또 있을까.

    —《난중일기》(1997.4.19)

8월 3일 한산에서 원균이 패하였다는 보고가 올라오자, 조정과 민간은 크게 놀라 떠들었다. 임금이 비변사의 여러 신하들을 불러들여 물었다. 신하들이 황송하여 대답하지 못하는 가운데, 경림군 김명원과 병조판서 이항복이 조용히 아뢰었다.

"이것은 원균의 허물이옵니다. 오직 이순신을 다시 일으켜 통제사로 삼아야 할 것입니다."

그 말을 좇아 임금은 다시 이순신을 통제사로 임명하였다. 그 소식을 듣고 장수와 군사들이 차츰 모여들었다.

이순신은 곧 군관 9명과 군사 6명을 거느리고 진주에서 곡성 옥과에 이르렀다. 길을 가득 메우고 있던 피란민들이 이순신이 다가오는 것을 바라보았다. 장정들은 자신의 처자를 보고 말하였다.

"우리 대감께서 오셨으니, 이제 너희들도 안 죽을 게다. 천천히 찾아들 오너라, 나는 먼저 대감 따라 가겠다."

이렇게 따르는 사람이 자꾸만 나왔다. 순천에 이르는 동안에 정예병 60여 명을 얻었다. 아무도 없는 빈 성에 들어가 모두 무장을 갖추었다. 보성에 다다르니 120명이 되었다.

통제사가 되어 한산도에 도착한 원균은 이순신이 시행하던 제도를 모두 바꾸어 버렸다. 그리고 이순신이 신임하던 장수와 병사들도 모두 쫓아냈다. 이영남은 자신이 예전에 왜적에 패해 달아난 사실을 세세히 알고 있었기 때문에 특히 미워하였다. 군사들의 마음속에는 원망이 가득 차게 되었다.

이순신은 한산도에 머무르면서 운주당이라는 집을 지었다. 그곳에서 이순신은 밤낮 없이 장수들과 전술을 연구하였다. 군사에 관한 일이라면 병졸이라도 언제든 자유로이 들러 의견을 말할 수 있었다. 그리하여 모든 병사들이 군사에 정통하게 되었다. 전투에 앞서 장수들과 의논해 전략을 짰기 때문에 전투에서 패하는 일이 없었다.

원균은 운주당에 이중 울타리를 치고 첩을 데려다 살았다. 장수들조차 그의 얼굴을 보기 어려웠다. 또한 술을 좋아해서 술에 취해 있는 때가 많았다. 그러면서도 시도 때도 없이 군사들에 대한 형벌을 집행하곤 하였다. 병사들은 이렇게 수군거렸다.

"왜놈들을 만나면 달아나는 수밖에 없겠네."

장수들 역시 원균을 비웃으며 두려워하지 않았다. 지휘관의 품위가 어그러짐은 물론 아무도 그의 명령을 따르지 않았다.

그때 왜적이 쳐들어왔다. 고니시 유키나가는 다시 요시라를 김응서에게 보내 소식을 전하였다.

"우리 배가 며칠에 출범할 예정이니, 중간 지점에서 맞아 싸우는 것이 좋을 것입니다."

도원수 권율은 요시라의 말이 믿을 만하다고 생각하였다. 더욱이 이순신이 머뭇거리다 죄를 받은 것을 잘 아는 까닭에, 원균더러 빨리 나가 싸우라고 명령하였다. 원균은 전황이 불리한 줄 알면서도 출전할 수밖에 없었다. 나가 싸우지 않았다고 이순신을 비난한 덕분에 자신이 그 자리에 올랐기 때문이다.

아군의 배가 출발하는 동정을 언덕 위의 적진에서는 모두 살피고 있었다. 원균이 절영도에 이르니, 바람이 불고 파도가 크게 일었다. 날은 이미 저물기 시작했는데, 배를 댈 곳조차 마땅치 않았다.

이때 적의 배가 바다 한가운데 출몰하였다. 원균은 공격을 명령하였다. 하지만 한산도를 출발해 하루종일 노를 저어 온 군사들은 허기와 갈증에 지쳐 배를 움직일 수조차 없었다. 모든 함선이 이리저리 흔들리고 앞뒤로 왔다갔다해서 대열을 갖추기 어려웠다. 왜적은 아군을 지치게 만들기 위해 가까이 다가왔다가 달아나기를 반복하며 싸움을 피하였다.

　밤이 깊어감에 따라 풍랑은 한결 거세졌다. 아군의 배들은 사방으로 흩어져 표류하기 시작하였다. 원균은 남은 배를 수습해 가덕도로 퇴각하였다. 기갈에 시달리던 군사들은 다투어 섬에 올라 물을 찾았다.

　우리 군사들이 물을 찾아 허둥대는 순간에 갑자기 섬 안에서 왜적이 몰려나왔다. 왜적이 덮치는 바람에 우리 군사 4백여 명이 목숨을 잃었다. 원균은 다시 후퇴하여 칠천도에 이르렀다.

　이때 권율은 고성에 머물고 있었다. 그는 원균이 패주하였다는 소식을 듣고, 원균을 불러 장형을 가하였다. 진중으로 돌아온 원균은 분한 나머지 술만 마셔대

다가 취해 드러누웠다. 장수들이 군사를 의논하려고 해도 만날 수조차 없었다.

그날 밤 왜적의 배가 기습해 왔다. 아군 진영은 한순간에 궤멸되고 말았다. 원균은 배를 버리고 언덕을 기어올라 달아나려 하였다. 하지만 몸이 뚱뚱하고 둔해 소나무 아래 주저앉고 말았다. 그는 수행하는 사람도 없이 혼자였다. 왜적에게 죽임당했다고도 하고 도망쳐 모면하였다는 이야기도 있는데, 정확한 사실은 알 수 없다. 전라우수사 이억기 역시 물에 빠져 죽었다.

경상우수사 배설은 원균에게 여러 번 간하였다.

"이러면 반드시 패하고 말 것입니다."

그날도 배설은 다음과 같이 말하였다.

"이곳 칠천도는 바닷물이 얕고 좁아 배를 움직이기 어렵습니다. 진을 다른 곳으로 옮겨야 합니다."

원균은 듣지 않았다. 배설은 자기 수하의 배를 거느리고 상황을 지켜보았다. 그러다 적이 공격해 오는 것을 보고 달아났기 때문에, 그의 군사들은 화를 면할 수 있었다. 배설은 한산도에 돌아와 무기, 양곡, 건물을 모두 불태워 버리고, 남아 있던 섬사람들과 함께 대피하였다.

한산도를 격파한 왜적의 기세는 서쪽을 향하였다. 남해와 순천이 차례로 함락되었으며, 두치진으로 상륙한 다음 남원을 포위하였다. 전라도와 충청도가 다시금 전란에 휩싸이게 되었다.

임진년에 국경을 넘어온 왜적은 오직 우리 수군에게만 패하였다. 이를 분하게 여긴 도요토미 히데요시는 고니시 유키나가를 꾸짖으며, 반드시 조선 수군을 쳐 없애도록 지시하였다.

정면으로 싸워서는 도저히 이길 수 없다고 판단한 고니시 유키나가는 한 가지 계략을 꾸몄다. 김응서의 호감을 사면서 한편으로 이순신이 모함에 걸려 들도록 술수를 부리는 것이었다. 그런 다음 원균을 바다 가운데로 유인해 습격하였다. 그의 간교한 꾐에 빠져 아군은 큰 피해를 입고 말았다. 참으로 슬픈 일이다.

—《징비록》

이 책임을 맡을 사람은 위풍을 지니고 백성을 사랑하고 지략과 재능을 갖춘 자여야 하며, 평소 안팎으로 백성의 우러름을 받던 자가 아니면 임무를 수행하기 어려울 것이다. 오직 그대의 이름만이 일찍이 수사의 책임을 맡던 때부터 드러났고, 임진년의 큰 승전 이후 그 공적을 크게 떨치어 변방의 백성과 군사들이 만리장성처럼 의지하게 되었다. 지난번 그대의 직을 갈고 죄인의 이름으로 백의종군하게 한 것은 역시 사람의 지모가 밝지 못한 데서 생긴 일이었거니와, 오늘 이같이 패전의 치욕을 당하게 되니 무슨 할말이 있겠는가. 그대를 상복 입은 채로 또한 백의白衣에서 뽑아 다시 옛날처럼 전라좌수사 겸 충청, 전라, 경상 삼도수군통제사로 임명하니…*

— 〈삼도수군통제사 재임명 교서〉

* 1597년 7월 22일 조정은 다시 이순신을 삼도수군통제사에 임명하기로 결정하였으며, 이순신은 8월 3일 이 교서를 받았다. 이순신에 대해 잘못을 사과하는 내용을 담고 있는 교서를 보면, 당시 조정이 사태를 얼마나 급박하게 인식하고 있었는지 짐작할 수 있다.

이순신은 8월 18일에 장흥 회령포에 이르렀다. 전선이라 곤 다만 10척이 있을 뿐이었다. 이순신은 전라우수사 김억 추를 불러 병선을 거두어 모으게 하였다. 그리고 장수들에 게 분부하여 배를 거북선 모양으로 꾸며 군의 위세를 돋우게 하고는 말하였다.

"우리들이 한가지로 임금의 명령을 받들었으니, 의리상 같이 죽는 것이 마땅하다. 사태가 여기에까지 이르렀거늘 한 번 죽어 나라에 보답하는 것이 무엇이 아까울 것이냐. 오 직 죽음이 있을 따름이다."

장수들 가운데 감동하지 않는 이가 없었다.

이순신 일행은 8월 24일 해남 어란포 앞바다에 이르렀다. 8월 28일에 적선 8척이 우리 배를 습격하려 했다. 이순신이 나팔을 불고 기를 휘두르자, 적은 달아났다.

이순신은 8월 29일에 진도 벽파진으로 진을 옮겼다. 그곳 에서 경상우수사 배설이 군대를 버리고 달아났다.

9월 7일 적선 13척이 우리 진을 향하여 들어왔다. 이순신 이 맞아 치니 적은 물러나 달아났다. 그날 밤 10시경에 적이 다시 와서 대포를 놓으며 우리 군사들을 놀라게 하였다. 이순신이 그들을 향해 대포를 쏘게 했더니, 적은 아군을 요동시킬 수 없음을 알고 또다시 물러갔다. 밤에 기습해 온 것은 지난날 한산도에서 원균과 싸우며 야습으로 이익을 본 일이 있었기 때문이다.

이때 조정에서는 수군이 약해 적을 막아내지 못할 것이라고 생각하여, 이순신에게 육지에서 싸우라는 명령을 내렸다. 이순신은 장계를 올려 의견을 말하였다.

"지난 임진년부터 오늘에 이르기까지 5,6년 동안 적이 감히 충청도와 전라도로 바로 돌격해 오지 못한 것은 우리 수군이 그 길목을 누르고 있었기 때문입니다. 지금 신에게는 아직 전선 12척이 남아 있사옵니다. 죽을 힘을 다해 싸우면, 충분히 이길 수 있습니다. 지금 만일 수군을 없앤다면, 그것은 적이 다행으로 여길뿐더러 적의 배가 호남을 거쳐 한강에 이르고 말 것입니다. 그것이 신이 걱정하는 바입니다. 비록 전선의 수는 적지만, 신이 죽지 않는 한 감히 적이 우리를 업신여기지는 못할 것입니다."

9월 16일 이른 아침이었다. 바다를 가득 메운 적의 배가 명량을 거쳐 아군의 진을 향하여 올라왔다. 이순신은 모든 장수들을 거느리고 나가 막았다. 적은 아군의 배를 열 겹으로 에워싸고, 군대를 나누어 번갈아 아군과 싸웠다. 이순신은 닻을 내리고 배를 멈추었다. 대장선인 줄 알고 적선 333척이 달려들어 에워쌌다. 형세가 몹시 위급해지자 다른 배의 장수들은 이순신의 배가 다시 헤어나기 어려울 것이라고 생각하고, 각자 1리쯤 뒤로 물러났다. 이순신이 달아나는 자 하나를 효수하여 매어 달고, 진군할 것을 지휘 독려하였다.

첨사 김응함이 배를 돌려 들어오고, 거제현령 안위의 배도 다가왔다. 이순신이 일어나 뱃머리에서 큰 소리로 안위를 부르며 말했다.

"네가 군법에 죽고 싶으냐."

이순신은 또다시 안위에게 말했다.

"안위야, 참말 네가 군법에 죽고 싶으냐. 네가 물러 간다고 살 듯싶으냐."

안위가 황망히 대답하였다.

"예, 어찌 감히 죽을 힘을 다하지 않겠습니까."

안위가 돌진해 들어가 싸우자, 적의 배 3척이 개미처럼 달라붙어 안위의 배가 거의 함락 직전에 이르렀다. 이순신은 자신의 배를 돌려 들어가 안위의 배를 구출하였다. 안위도 죽기로 싸워 적선 2척을 부수었다. 적의 기운이 조금 꺾이면서 잠깐 사이에 적선 30척이 연달아 격파되었다. 죽은 자는 그 수를 헤아릴 수 없었다. 견디지 못한 적은 포위를 풀고 달아났다.

이순신이 한산도에 있을 적에 왜인 준사俊沙란 자가 투항해 온 일이 있었다. 그는 안골포 적진에서 죄를 범하고 도망해 우리 진중에 머물고 있었다. 이날도 준사는 이순신의 배에 같이 타고 있었다. 그는 바다에 떠 있는 적의 시체들 속에서 무늬를 수놓은 붉은 비단옷을 입은 자를 굽어보았다. 그리고 손가락으로 그를 가리키며 외쳤다.

"저것은 안골포 왜장 마다시馬多時*요."

이순신이 군사를 시켜 갈고리로 시체를 낚아 올리게 하였다. 뱃머리로 끌어 올리고 보니 그자는 아직도 숨이 붙어 있었다. 준사가 좋아라고 날뛰며 거듭 외쳤다.

---

*   왜장 마다시馬多時는 대체로 구루시마 미치후사来島通總라고 알려져 있다.

"이자는 정말 마다시가 맞습니다."

이순신은 그의 머리를 베도록 명하였다.

이날 높은 산 위에 올라가 바라보던 피란민들은 적선이 들어오는 것을 3백까지는 헤아렸으나, 그 나머지는 셀 수조차 없었다. 그 큰 바다가 꽉 차서 바닷물이 안 보일 지경이었다. 우리 배는 다만 10여 척뿐이라서 마치 바윗돌이 계란을 누르는 것 같았다. 게다가 장수들은 막 패전한 뒤끝에 갑자기 큰 적을 만난 까닭에, 의기소침하고 넋이 빠져 모두들 달아나려고 할 뿐이었다. 오직 이순신만이 죽겠다는 결심으로 바다 복판에 닻을 내리고 적에게 포위를 당하니, 마치 구름과 안개 속에 파묻힌 것 같은 형국이었다. 시퍼런 칼날이 공중에 번뜩이고, 대포와 우레가 바다를 진동할 뿐이었다.

피란민들이 서로를 돌아보며 통곡하였다.

"우리가 여기 온 것은 오직 통제사 대감만 믿고 온 것인데, 이제 이렇게 되니 우린 어디로 가야 하오."

얼마 있다가 다시 보니, 적선이 차츰 물러나는데 이순신이 탄 배는 아무 탈 없이 우뚝 서 있었다. 적은 다시 패를 갈라 번차례로 나와 싸우는데, 이렇게 하기를 종일토록 하였다. 마침내는 적이 크게 패하여 달아났다.

그 이후 남쪽 백성들은 이순신을 의지하는 마음이 더욱 두터워졌다.

이순신이 다시 통제사로 임명된 것은 수군이 거의 궤멸된 뒤였다. 그는 지치고 흩어진 군사들을 거두어 모으기 시작하였다. 군량이나 무기 등속은 보잘 것이 없었다. 그런데다가 늦은 가을철이라서 해상의 날씨가 무척 차가웠다. 이순신은 그것을 걱정하였다. 문득 몇 백 척인지 헤아릴 수 없이 많은 피란선들이 모여드는 것을 보고, 이순신이 물었다.

"큰 적들이 바다를 뒤덮는데, 너희들은 어쩌자고 여기 있느냐?"

그들은 대답하였다.

"저희들은 다만 사또만 바라보고 여기 있는 것입니다."

이순신이 다시 말하였다.

"너희들이 내 명령을 따른다면 내가 너희들이 살 길을 가르쳐줄 것이지만, 만일 그렇지 않으면 나로서도 어찌할 길이 없다."

모두들 말하였다.

"어찌 감히 명령에 복종하지 않겠습니까."

그러자 이순신이 영을 내려 말하였다.

"장수와 군사들이 굶주리는데다 입을 옷도 없어, 이대로 가다가는 모두 죽을 판이다. 하물며 어찌 적을 막아 주기를 바랄 것이냐. 너희들이 만일 여벌의 옷이나 양식을 내어 우리 군사들을 도와준다면, 적을 무찌를 수 있음은 물론 너희들도 죽음을 면할 것이다."

모두들 이순신의 명령을 따랐다. 마침내 양식을 얻어 여러 배에 나누어 싣고, 또한 옷을 입지 못하는 군사들이 없어졌다. 그래서 승리를 거둘 수 있었다.

이보다 앞서 이순신은 피란민들에게 명령하여 배를 옮겨 적을 피하라고 하였다. 하지만 누구도 이순신의 곁을 떠나려 하지 않았다. 그래서 명량해전에서 이순신은 그 모든 배들을 먼 바다에 늘여 세워 마치 후원하는 배처럼 꾸몄다. 그리고 자신은 앞으로 나가 힘써 싸움으로써 적을 크게 무찔렀다. 적은 우리 수군이 아직 왕성하다고 여겨 감히 다시 쳐들어오지 못하였다.

이순신은 그날 해거름에 당사도로 진을 옮겼다. 피란하는

이순신의 글씨 必死卽生 必生卽死(죽기를 각오하고 싸우면 살고,
살려고 하면 반드시 죽는다). 《난중일기》에 들어 있는 이순신의 글씨다.

사람들도 모두 와서 승리를 축하하였다. 승첩을 알리는 장계가 서울에 도착하였다. 너무 기쁜 나머지 임금은 곧 신하들에게 명령하였다.

"이 장계를 양 경리楊鎬에게 보이도록 하라."

명나라 장수 양호*는 남별궁에 있다가 우리 임금에게 공문을 보내 주청하였다.

"근래에 이런 대첩이 없었습니다. 내가 직접 가서 괘홍掛紅**의 예식으로 표창해 주고 싶으나, 길이 멀어서 가지 못합니다. 그래서 붉은 비단과 약간의 은자銀子를 보내오니 모름지기 이 뜻으로 포상해 주소서."

임금은 이순신의 공을 가상히 여겨 글을 내려 치하하고 숭정대부로 승진시키려 하였다.*** 하지만 대간들이 이순신의 품계가 이미 높으니 전쟁이 끝난 뒤에는 다시 서훈할 길

---

* 　정유전쟁 때 경략조선군무사經略朝鮮軍務使가 되어 참전한 명나라 군인.
** 　좋은 일을 축하하기 위해 내려뜨려 거는 붉은 비단 천.
*** 　《선조실록》(1597.10.20)을 보면 선조는 양호를 접견한 자리에서 이렇게
　　말한다. "통제사 이순신이 약간의 적을 잡았다 하나, 그것은 마땅히 그가
　　해야 할 일일 뿐이오. 큰 공이라 할 것도 자랑할 일도 아니오."
　　이순신의 놀라운 전과를 높이 칭송하는 명나라 장수 앞에서 이순신의
　　공적을 깎아내리기에 급급한 선조의 모습이 측은하기까지 하다. 따라서
　　《이충무공행록》의 이 부분은 역사적 사실과는 거리가 있는 내용이다.

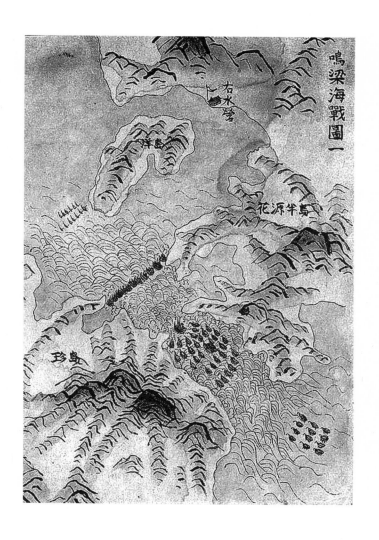

이순신이 13척의 배로 10배가 넘는 일본 수군을 무찌른 명량해전 상상도.

이 없지 않겠느냐고 아뢰어 중지하였다. 다만 부하 장수들의 벼슬은 높여 주었다.

10월 14일 이순신은 우수영에 있다가 아들 면(葂)이 죽었다는 기별을 들었다. 면은 이순신의 막내아들이었다. 용기와 지략이 뛰어나고 말타기와 활쏘기에 능해 이순신이 자기를 닮았다며 사랑해 온 아들이었다.

면은 그해 9월에 자신의 어머니를 모시고 아산 본가에 가 있었다. 왜적들이 여염집을 분탕질한다는 말을 듣고 달려 나가 싸우다가 길에서 복병의 칼에 찔려 죽었다. 이순신은 그 기별을 듣고 너무 애통해 하였다. 그 후 날마다 정신이 쇠약해져 갔다.

나중에 이순신이 고금도에 진을 치고 있던 어느 날이었다. 어슴푸레 낮잠이 들었는데, 면이 이순신 앞에 와서 슬피 울면서 말하였다.

"아버지께서 저를 죽인 왜적을 죽여 주십시오."

이순신이 물었다.

"네가 살아 있을 때는 장사였거늘, 죽어서는 적을 죽일 수

명량대첩을 승리로 이끈 이순신의 공을 기념해 세운 비.
1688년 건립되었으며, 명량해전의 내용이 상세히 적혀 있다.

새벽 2시경에 꿈을 꾸었다. 말을 타고 언덕 위로 올라가는데, 말이 발을 헛디뎌 냇물 속으로 떨어졌다. 쓰러지지는 않았는데, 막내아들 면이 나를 떠받치는 듯한 모습을 보며 꿈에서 깼다. 무슨 징조인지 모르겠다. …… 저녁에 어떤 사람이 천안에서 와서 집안 편지를 전해 주었다. 봉투를 뜯기도 전에 뼈와 살이 먼저 떨리고, 마음이 혼미해졌다. 겉봉투를 뜯어내니, 둘째 예의 글씨가 눈에 들어왔다. '통곡'痛哭이란 두 글자였다. 면이 전사하였음을 알 수 있었다. 나도 몰래 간담이 떨어지며 통곡 또 통곡하였다.

하늘은 어찌 이다지도 인자하지 못한 것이냐. 내가 죽고 네가 사는 것이 마땅하거늘, 네가 죽고 내가 살아 있다니. 어찌 이치가 이렇듯 어긋날 수 있단 말이냐. 천지가 캄캄해 오고, 해조차 빛이 바래는구나.

불쌍한 내 아들아, 나를 버리고 어디로 갔느냐? 남달리 영특해 하늘이 너를 이 세상에 머물지 못하게 한 것이냐? 내가 지은 죄 때문에 그 화가 네게 미친 것이냐?

이 세상에 살아 있은들 내 이제 누구에게 의지한단 말이냐? 너를 따라 죽어 지하에서 같이 울고 싶구나. 네 형, 네 누이, 네 어미가 의지할 곳이 없으니, 잠시 견디며 겨우 목숨은 이어가겠지만, 마음은 죽고 빈 껍데기만 남았구나. 목놓아 울부짖으며 통곡할 따름이다. 하룻밤이 마치 일 년 같다.

—《난중일기》(1597.10.14)

가 없느냐?"

"제가 적의 손에 죽었기 때문에, 두려워서 감히 죽이지를 못하옵니다."

이 말을 들은 이순신은 문득 깨어 일어났다. 그리고 곁에 있는 사람을 보고 말하였다.

"내 꿈이 이러이러하니 어인 일인고."

이순신은 슬픔을 억제하지 못하고, 그대로 팔베개를 하고 눈을 감았다. 몽롱한 가운데 면이 또 와서 울며 아뢰는 것이었다.

"아버지가 자식의 원수를 갚는데 저승과 이승이 무슨 차이가 있겠습니까. 원수를 같은 진 속에 둔 채 제 말을 예사로 듣고 죽이지를 않으시다니요."

면은 통곡하며 가버렸다. 이순신이 깜짝 놀라서 물으니, 과연 새로 잡혀온 왜적 하나가 배 안에 갇혀 있었다. 이순신은 그자의 소행을 자초지종 조사하게 하였다. 그랬더니 면을 죽인 바로 그자가 틀림없었다. 이순신은 그자를 동강 내어 죽이라 명령하였다.

12월 15일 나주 땅 보화도(고하도)에 있었을 때의 일이다. 다음과 같은 임금의 유서諭書를 받았다.

"들으니, 경卿은 아직도 상례의 법도만을 지키고 임기응변의 권도權道를 좋지 않는다 하오. 사사로운 정으로야 간절하겠지만 지금 나랏일이 한창 어려운 고비 아니오. 옛 사람의 말에도 전쟁에 나가 용기 없는 것은 효도가 아니라고 하였소. 거친 음식을 먹어 기운과 힘이 쇠약해진 사람은 전쟁터에서 용기를 낼 수 없는 법이오. 또한 예법에도 변해서는 안 되는 원칙이 있는 반면에 상황에 따른 방편이 필요할 때가 있소. 지금 같은 때에는 평상시의 규정을 고집할 수 없으니, 내 뜻을 받아 속히 방편을 따르도록 하시오."

그와 아울러 고기 등속을 보내왔다. 이순신은 슬픈 마음을 억누를 길이 없었다.

1598년 2월 17일에 고금도로 진을 옮겼다. 고금도는 강진에서 남쪽으로 30여 리쯤 되는 곳에 위치하는데, 산봉우리가 겹겹이 둘러싸고 있는 지세가 몹시 기이하였다. 바로 곁에 농장이 있어서 백성들을 모아들여 농사를 짓고 군량미를 공급 받기에 아주 편리하였다. 이 당시는 군대의 위세가 아주 강성해져서 남도 백성 가운데 이순신을 의지해 사는 사람이 수만 명에 이르렀다. 군세의 장엄함은 한산진보다

10배나 더하였다.

7월 16일 명나라 수군 도독 진린陳璘이 수군 5천 명을 거느리고 고금도로 왔다. 이순신은 진린의 군사가 온다는 말을 듣고 군대의 위의를 갖추어 멀리 나가 맞아들였다. 그리고 술과 안주를 성대하게 차려 큰 잔치를 베풀었다. 장수와 군사들 가운데 흠뻑 취하지 않은 사람이 없었다. 병졸들마저 서로 이르기를 "과연 훌륭한 장수다" 하며 감탄하였다.

진린은 본시 사람됨이 거칠고 오만하였다. 이것을 걱정한 임금은 미리 이순신에게 유지를 전달하였다.

"진린을 후하게 대접하여 그가 노여워하지 않도록 하라."

진린의 군사들이 처음 오던 길로 약탈을 일삼았기 때문에, 우리 군사와 백성들은 고통스러웠다. 어느 날 이순신은 군중에 명령을 내려 크고 작은 막사를 한꺼번에 모두 헐어버리게 하였다. 자신의 옷과 이부자리는 배에 옮겨 싣게 하였다.

곳곳에서 집이 헐리는 것을 본 진린이 이상히 여겨 아랫사람을 보내 그 연유를 물었다. 이순신은 대답하였다.

"작은 나라의 군사와 백성들이 명나라 장수가 온다는 말

그때 이순신은 고금도에 주둔하고 있었는데, 휘하의 병사가 8천여 명에 이르렀다. 부족한 군량 문제를 해결하기 위해 바다를 통행할 수 있는 통행증을 만들기로 하였다. 3도 연안 지방을 통행하는 모든 배 가운데 통행증이 없는 배는 간첩선으로 간주해 통행을 금지한다고 영을 내렸다.

그랬더니 백성들이 앞다투어 찾아와 통행증 발급을 요청하였다. 이순신은 배의 크기에 차등을 부여해 해당하는 쌀을 받고 통행증을 발급해 주었다. 큰 배는 쌀 3석, 중간 배는 2석, 작은 배는 1석을 징수하였다. 당시 피란 온 배들은 모두 양식을 싣고 다녔기 때문에, 그 정도의 쌀을 내는 것은 어렵지 않았다. 오히려 그들은 안전하게 통행할 수 있는 것을 기쁘게 생각하였다. 열흘도 채 안되어 1만여 석의 양식이 모였다.

또한 백성들이 지니고 있던 구리와 쇠를 모아 대포를 주조하고, 나무를 베어 배를 건조하였다. 모든 일이 순조롭게 진행됨으로써 먼 곳에 있던 사람들까지 섬으로 들어와 이순신에게 의지하였다. 살 집을 짓고, 한쪽에서는 천막을 치고 장사하는 사람도 생겨 그들 모두를 수용하기에 섬이 모자랄 지경이었다. ─《징비록》

을 듣고 마치 부모를 우러르듯 하였소. 그런데 귀국 군사들이 오직 행패와 약탈만 일삼으니, 백성들이 견딜 도리가 없어 모두 피해 달아나려 하오. 대장의 몸으로 나 역시 혼자 남아 있을 수가 없소. 그래서 배를 타고 바다로 나가 다른 곳으로 옮겨 가려는 것이오."

심부름꾼이 돌아가 그대로 아뢰었다. 그 말을 들은 진린은 깜짝 놀라 곤두박질치며 달려와서 이순신의 손을 잡고 만류하였다. 또한 아랫사람들을 시켜 이순신의 옷과 이부자리를 배에서 내려 날라오게 하며 간절히 애걸하였다.

이순신이 말하였다.

"대인이 만일 내 말대로 하면 그렇게 하겠소이다."

진린이 대답하였다.

"어찌 안 들을 리가 있겠소."

이순신이 다시 말하였다.

"귀국의 군사들은 우리를 속국의 신하라 하여 조금도 꺼림이 없소. 그러니 내게 상황에 따라 그것을 꾸짖고 금할 수 있는 권한을 허락해 주신다면, 서로를 보존할 도리가 될 것입니다."

"그렇게 하겠소."

진린은 성격이 포악하여 남과 서로 어긋나는 사람이었으므로, 모두들 두려워하였다. 임금께서 청파 들판까지 나와 그를 전송하였다. 그때 진린의 군사들을 보니, 고을 수령에게도 함부로 욕을 하는가 하면, 찰방 이상규의 목을 노끈으로 매어 끌고 다녔다. 그의 얼굴이 피투성이가 되었기에 통역관을 시켜 풀어주자고 했으나, 명나라 군사들은 내 말을 듣지 않았다. 나는 그 자리에 있던 대신들에게 말하였다.

"안타깝게도 이순신이 질 것 같소이다. 진린과 같은 진중에 있게 될 텐데 충돌을 피할 수 없을 것 같소. 진린은 장수의 권한도 인정해 주지 않을 것이고, 군사들 또한 제 마음대로 다룰 텐데, 어찌 이기기를 바랄 수 있겠소?"

모여 있던 사람 모두가 고개를 끄덕이며 탄식하였다.

— 《징비록》

진린이 승낙하였다.

그 뒤부터는 명나라 군사 가운데 죄를 짓는 자가 있으면 법대로 다스렸다. 명나라 군사들이 이순신을 자신들의 도독보다 더 무서워하게 되어 온 군중이 편안해졌다.

7월 18일 적선 1백여 척이 녹도를 침범해 왔다. 소식을 들은 이순신과 진린은 저마다 전선을 거느리고 금당도에 이르렀다. 다만 적선 두 척이 아군을 보고 달아날 뿐이므로, 이순신과 진린은 하룻밤을 보내고 이내 돌아왔다. 이순신은 녹도만호 송여종을 시켜 배 8척으로 절이도에 숨어 있도록 하였다. 진린도 명나라 배 30척을 남겨 사변에 대비하였다.

7월 24일 이순신은 진린을 위하여 운주당에 술자리를 마련하였다. 한창 취한 판인데 진린의 부하로 천총 벼슬에 있는 자가 절이도에서 와서 아뢰었다.

"오늘 새벽에 적을 만났는데, 조선 수군이 그들을 모두 붙잡았습니다. 명나라 군사들은 바람이 순조롭지 않아 싸우지 못했습니다."

진린이 크게 성이 나서 소리쳤다.

"저자를 끌어내라."

그러고는 술잔을 던지고 상을 밀쳤다. 진린의 안색이 변하는 것을 본 이순신은 그의 마음을 읽고 화를 풀어주었다.

"대인께서는 명나라 대장으로 와서 바다 도적을 무찌르는 것이니, 이곳 진중의 모든 승첩은 바로 대인의 승첩입니다. 우리가 베어 온 적의 머리 모두를 마땅히 대인께 드리겠소. 대인이 여기 온 지 며칠 지나지 않아 황제에게 공로를 아뢰면 얼마나 좋은 일이겠소."

진린이 크게 기뻐하며 이순신의 손을 잡고 말하였다.

"내가 본국에서부터 장군의 이름을 많이 들었더니, 과연 헛소문이 아니었소."

그리고 종일토록 취하여 즐기었다.

그날 송여종이 잡아 온 배가 6척이요, 적의 머리는 69개였다. 모두 진린에게 보내고 그대로 조정에 장계를 올렸다. 임금은 이순신에게 명나라 장수를 빛나게 해준 것을 가상히 여기는 유서를 내렸다.

진린은 오래도록 진중에 있으면서 이순신이 명령을 내리고 규율을 엄정히 다스리는 모습을 익히 보았다. 또한 자기는 비록 배가 많다 해도 적을 막아내기 어렵다고 생각하여, 전쟁이 있을 때마다 우리 판옥선을 타고 이순신의 지휘를 받기를 원하였다. 모든 호령과 지휘를 양보하였고, 반드시 이순신을 '이야'李爺라고 높여 불렀다. 또한 "공은 작은 나라에서 살 사람이 아니오" 하면서, 중국에 들어가 벼슬하기를 여러 번 권하였다.

9월 15일 모든 적들이 곧 철수해 돌아가려고 한다는 말을 듣고 이순신과 진린은 수군을 거느리고 떠났다. 9월 19일에 좌수영 앞바다에 이르고, 20일 순천의 예교에 나가 진을 쳤다. 그곳은 바로 적장 고니시 유키나가의 진 앞이었다.

적은 장도에 군량을 쌓아 두었는데, 군사를 보내 빼앗아 오고 남은 것은 모조리 불태워 버렸다.

9월 21일 이순신은 해남현감 유형 등을 보내어 적진을 공격하게 하였다. 적군 8명을 죽인 다음 썰물이 되어 바다가 얕아지므로 돌아왔다. 그날 명나라 육군제독 유정劉綎이 묘족苗族 병사 1만 5천 명을 거느리고 예교 북쪽에 와서 진을 쳤다.

9월 24일 적장 소 요시토시가 정예병 1백여 명을 이끌고 남해에서 고니시 유키나가의 진으로 왔다. 철병 방법을 고니시 유키나가와 의논하기 위해서였다.

한산도 제승당에 걸려 있는 〈우국애정도〉憂國哀情圖.
나라를 걱정하느라 잠 못 드는 이순신의 모습을 그렸다.

11월 2일에 육군과 협공하기로 약속하고 이순신은 진린의 수군과 함께 나가 싸웠다. 미처 결판이 나기 전에 사도첨사 황세득이 탄환에 맞아 죽었다. 황세득은 이순신의 처종형이었다. 여러 장수들이 조문하러 들어오니, 이순신은 말하였다.

"세득이 나랏일로 죽었으니, 그의 죽음은 영광이다."

그런데 이때 유정 제독이 나와 싸우지 않았기 때문에, 진린 도독은 격분해 마지 않았다.

11월 3일 이순신과 진린은 군사를 내어 적과 한창 싸웠다. 이순신은 조수가 물러나는 것을 보고 진린에게 배를 돌리도록 하였다. 진린은 말을 듣지 아니하였다. 그 바람에 명나라 배 19척이 얕은 바닥에 얹혀 왜적의 포위를 당하고 말았다.

이순신은 그대로 앉아서 보고 있을 수 없었다. 배 7척을 내어 무기와 군사들을 가득 실었다. 그리고 장수를 골라 보내며 조심하도록 타일렀다.

"적들이 우리 배가 얕은 바닥에 얹히는 것을 보면, 반드시 기회를 보아 빼앗으려고 할 것이다. 너희들은 힘써 싸우되

탈없이 할 것이며, 썰물이 되면 바로 돌아오도록 하라."

우리 7척의 배는 한결같이 이순신의 명령대로 따랐다. 그리하여 온전히 다 돌아왔지만, 명나라 배들은 모조리 전멸당하고 말았다.

11월 6일 일본으로 사로잡혀 갔던 변경남이란 자가 적진 속에서 도망쳐 왔다. 그는 이렇게 자신이 들은 적의 동향을 들려주었다.

"지난 8월에 일본에서 돌아왔는데, 왜적의 괴수 도요토미 히데요시는 이미 죽었습니다. 여러 두목들이 서로 그의 자리를 다투고 있으며, 아직 결정이 나지 않은 상태입니다. 그래서 여기 있는 적들도 급히 철수해 돌아가려는 것입니다."

고니시 유키나가는 하루속히 일본으로 돌아가고 싶었다. 우리 수군이 가로막고 있는 것이 걱정스러워 진린에게 많은 뇌물을 바치며 진을 물려 달라고 청하였다. 진린은 그들의 청을 들어주려고 하였다. 11월 14일 초저녁에 왜의 하급장수 하나가 7명의 부하를 거느리고 배를 타고 몰래 도독부로 들어갔다. 그들은 돼지와 술을 바치고 돌아갔다.

11월 15일에도 왜의 심부름꾼이 도독부에 왔다. 다음날에는 진린이 자신의 부하 장수 진문동을 적진으로 보냈다. 그 후 얼마 있다가 왜적 고토슈五島主*라는 자가 배 3척에 말과 창과 칼 등을 싣고 와 진린에게 바치고 돌아갔다.

이때부터는 도독부에 왕래하는 왜의 심부름꾼이 끊이지 않았다. 마침내 진린은 이순신에게 화친을 허락해 주자고 하였다. 이순신은 말하였다.

"대장은 화친을 말할 수 없을뿐더러, 원수를 용서해 놓아 보낼 수는 없소."

진린은 무안해 하였다.

왜의 심부름꾼이 또 오자 진린은 말하였다.

"내가 너희 왜를 위해 통제사에게 말하였다가 이미 거절을 당했기 때문에, 이제 두 번 다시는 말하기 어렵다."

고니시 유키나가가 이순신에게도 사람을 보내 총과 칼 등의 선물을 가지고 왔다. 그러면서 간청하였으나, 이순신은 단호히 물리치며 말하였다.

* 　규슈 서쪽의 고토五島 열도를 다스리던 사람으로 추정됨.

"임진년 이래로 적을 무수히 사로잡아 총과 칼을 얻은 것이 산처럼 쌓였는데, 원수의 심부름꾼이 여기는 무엇하러 왔단 말이냐."

적은 아무 말도 못하고 물러갔다.

고니시 유키나가가 또 사람을 보내 말하였다.

"조선 수군은 마땅히 명나라 수군과 서로 딴 곳에 진을 쳐야 할 텐데, 어째서 같은 곳에 진을 치고 있는 것이오."

이순신이 대답하였다.

"우리 땅에서 진 치는 것이야 우리 뜻대로일 뿐, 너희들이 알 바 아니다."

진린은 적의 뇌물을 많이 받고 그들이 빠져나갈 길을 터주려고 하였다. 진린이 이순신에게 말하였다.

"나는 여기 고니시 유키나가는 잠깐 내버려 두고 먼저 남해에 있는 적을 토벌하러 가야겠소."

이순신이 대답하였다.

"남해에 있는 사람들은 모두 적에게 포로가 되었던 우리 백성들이지, 왜적이 아니오."

진린이 다시 말하였다.

바로 그때 별장 변홍달이 남해에서 나와 이렇게 말하였습니다.

"남해의 왜적들이 왜교에서 운반해 와 쌓아놓은 양곡이 헤아릴 수 없을 만큼 많았고, 그들의 소굴 속에 남아 있던 미곡도 매우 많았습니다. 명나라 수군이 먼저 들어갔는데, 아무도 수습하는 사람이 없어 대부분의 양곡은 산실되었습니다. 진 도독은 수급을 베는 데 급급하여 가옥을 불태우게 하였으므로, 3천여 석의 양곡이 소실되었습니다."

그리고 또 말하였습니다.

"패전해 배를 버리고 도망 간 왜적이 대부분 남해섬의 산이나 늪지대로 들어갔습니다. 그런데 명나라 군사들이 산에 불을 놓아 뛰쳐나온 왜적의 목을 베면서, 우리나라 사람에게까지 손을 대는 바람에, 그곳 백성들이 놀라 숨어버리고 한 사람도 산에서 내려와 안착하지 못했습니다."

—《선조실록》1598.12.7(좌의정 이덕형 장계)

왜놈은 얼레빗이고,
명나라 군대는 참빗이다.

—《난후잡록》*

"이미 적에게 붙은 이상 그들 역시 적이라 할 수 있소. 이 참에 거기 가서 토벌하면 힘들이지 않고 머리를 많이 벨 수 있을 것이오."

이순신이 말하였다.

"황제께서 적을 무찌르라고 명령한 까닭은 우리나라 사람들의 생명을 구하기 위해서였을 것이오. 그런데 지금 그들을 구해 내오지 아니하고 도리어 죄로 다스려 죽인다면, 그것은 황제의 본의가 아닐 것이오."

진린은 성을 내며 협박하였다.

"우리 황제께서 내게 장검을 하사하셨소."

이순신이 대답하였다.

"한 번 죽는 것은 아깝지 않소. 나는 대장이 되어 결코 적을 놓아두고 우리 백성을 죽일 수는 없소."

두 사람은 한참을 다투었다.

11월 17일 초저녁에 고니시 유키나가는 횃불을 올려 남해에 있는 적들과 연락하였다. 그것은 고니시 유키나가가 구원을 청하는 신호였다. 사람들이 곤양과 사천에 있는 적들이 노량으로 와서 호응할 것이라고 하였다. 이순신은 모든 장수들에게 군비를 엄히 갖추고 기다리라고 영을 내렸다.

11월 18일 저녁 6시쯤 헤아릴 수 없이 많은 적선이 남해 쪽에서 나와 엄목포에 정박하였다. 노량에 와 대는 배의 수도 부지기수였다. 이순신은 진린과 약속하고 그날 밤 열시쯤 같이 떠나 새벽 두시경 노량에 도착하였다. 적선 5백여 척과 아침이 될 때까지 크게 싸웠다.

그날 밤 자정에 이순신은 선상에서 손을 씻고 꿇어앉아 하늘에 빌었다.

"이 원수를 무찌를 수 있다면, 죽어도 여한이 없겠습니다."

그러자 갑자기 큰 별이 바다 가운데로 떨어졌다. 보는 이들이 모두 이상히 여기었다.

11월 19일 새벽 이순신은 한창 싸움을 지휘하고 있었다. 그러던 중 문득 유탄에 맞았다.

이순신이 말하였다.

"싸움이 한창 급하다. 내가 죽었다는 말을 하지 말라."

이렇게 말하며 이순신은 숨을 거두었다.

이때 이순신의 맏아들 이회李薈와 조카 이완李莞이 곁을 지키고 있었다. 활을 쥐고 곁에 섰던 그들은 울음을 참으며 서로에게 말하였다.

"이렇게 되다니, 정말 슬프기가 한없이 망극하구나!"

"하지만 지금 곡소리를 내었다가는 온 군대가 술렁이고, 적이 기세를 얻을지 모르오."

"주검 역시 온전히 돌아가지 못할 것이다."

"싸움이 끝날 때까지 참는 수밖에 없소."

그러면서 시체를 안고 방안으로 들어갔다. 이순신을 시중 들던 종 김이와 이회, 이완 세 사람만 그 사실을 알았을 뿐, 가까이 믿고 따르던 부하 송희립 등도 알지 못하였다.

그들은 그대로 기를 휘두르며 독전하기를 멈추지 않았다. 적이 진린의 배를 에워싸 거의 함락될 상황이었다. 여러 장수들이 이순신의 배가 지휘 독전하는 것을 보고, 서로 다투어 달려가 진린의 배를 포위망 속에서 구해 내었다.

전쟁이 끝이 났다. 진린의 배가 이순신의 배에 가까이 다가왔다. 진린이 소리쳤다.

"통제사! 속히 나오시오. 속히 나오시오."

이완이 뱃머리에 서서 울면서 말하였다.

"숙부님께서는 돌아가셨습니다."

1617년 편찬된《동국신속東國新續 삼강행실도》속의 이순신.
'이순신, 모든 힘을 다해 싸우다'舜臣力戰라는 제목 아래
이순신의 최후 장면을 그리고 있다.

그 말을 들은 진린은 세 번이나 배 위에서 넘어지며 큰 소리로 통곡하였다.

"죽은 뒤에도 나를 구원해 주셨구려."

진린은 자신의 가슴을 치며 한참을 울었다. 진린의 군사들까지 모두 고기를 멀리하고 먹지 않았다.

이순신의 영구는 고금도를 떠나 아산으로 향하였다. 연도의 백성들은 남녀노소 없이 통곡하며 뒤를 따랐다. 선비들은 제물을 차리고 제문을 지어 곡하며 일가 친척의 죽음처럼 슬퍼하였다.

진린을 비롯한 부하 장수들도 모두 제문을 지어 애도하였다. 명나라 군사들을 거두어 철수할 때도 진린은 신창현에 들어서면서 제사 지내러 들르겠다는 뜻을 미리 알렸다.

그러나 마침 명군의 수장 형개邢玠*의 관리가 서울로 속히 올라가자고 재촉하므로, 진린은 다만 백금 수백 냥을 보냈다. 진린은 아산현에 이르러 이순신의 아들들을 만나 보았다.

---

* 형개邢玠는 명나라의 병부상서로서 정유전쟁 당시 명군 전체의 최고 지휘관 지위에 있었다.

이회가 나가 길에서 진린을 맞았다. 진린을 만난 이회는 말에서 내려 인사하였다. 진린도 말에서 내려 이회의 손을 맞잡았다. 진린이 통곡하며 물었다.

"그대는 지금 무슨 벼슬을 하고 있는가?"

이회가 대답하였다.

"아버님의 장례도 미처 마치지 못했기 때문에 아직 벼슬할 때가 아닙니다."

진린이 말하였다.

"중국에서는 비록 초상 중에 있더라도 상을 내리는 법전은 폐하지 않는데, 그대 나라는 무척 더디군. 내가 상감께 말씀 올리겠네!"

임금이 예관을 보내 이순신의 제사를 지내고, 의정부 우의정을 추증하였다.

이듬해 2월 11일에 아산 금성산 아래 서쪽 언덕에 묘를 잡고 장사 지냈다. 이순신의 부친 덕연군의 묘소에서 서쪽으로 1리쯤 되는 곳이다.

그 뒤 16년째 되는 1614년에 어라산 북쪽에 자리 잡은 언덕 위로 묘소를 옮겼다. 덕연군의 묘소에서 북쪽으로 1리

아산 어라산 기슭에 자리한 이순신 장군의 묘소.

이순신 묘소 앞에 1794년 세운 신도비.

되는 지점이다.

　이순신의 부하들이 이순신 사당을 세우기를 청하였다. 조
정은 그 청에 따라 좌수영 북쪽에 사당을 세우고, 충민忠愍
이라는 편액을 내려주었다. 봄 가을에 두 번 제사 지내는데,
이억기도 함께 배향하였다.

　호남 지방의 군인과 백성들은 이순신 추모하기를 그치지
않았다. 서로 다투어가며 사재를 털어 비석을 만들고, 관찰
사에게 글 새기기를 청하였다. 관찰사는 진안현감 심인조를
보내 '이장군타루비'李將軍墮淚碑*라고 써서 동명마루 위에 세
우게 하니, 거기는 좌수영으로 내왕하는 길목이다.

　호남에 있는 사찰에서는 이순신을 위한 제를 올리지 않는
곳이 없었다. 자운이란 승려는 이순신의 진중을 따라다니
며, 승군 대장으로 많은 공을 세웠다. 그는 이순신이 세상을

*　　'타루비'墮淚碑는 이순신의 부하들이 장군의 죽음을 슬퍼하면서 세운
　　비석이다. 심인조가 비문을 쓴 비석은 '타루비'가 아니라, 같은 자리에 세워진
　　'동령소갈비'東嶺小碣碑이다. 동령소갈비는 좌수영대첩비左水營大捷碑를 세우게
　　된 경위를 기록한 비석이다.

이순신은 지난날 한산도 해전에서 이미 큰 공을 세웠고, 수군이 패망한 뒤에도 남은 무기와 군량을 수습하여 전과 다름없이 만들어 놓았습니다. 이번 노량 해상에서 밤새 혈전을 벌여 적의 우두머리를 불태워 죽이고, 전선 2백여 척을 포획하였습니다. 그 의기를 동남지역에서 크게 떨치니, 적들은 혼비백산하여 한밤중에 도망을 쳤습니다.

나라를 회복한 공의 크기에서 이 사람이 으뜸입니다. 불행히도 탄환에 맞아 쓰러졌지만, 숨을 거두는 순간까지도 흔들림 없이 전투를 지휘하였습니다. 옛 명장의 풍모를 지녔다고 이를 만합니다. …

좌수영의 본진 바닷가에 사당을 세워 봄과 가을에 제사를 지내게 하는 것이 옳은 줄 아룁니다.

—《선조실록》1598.12.1[*]

---

[*] 이순신 사당을 건립하기 위한 비변사의 이 같은 건의에 대해 선조는 재가하였다.

1601년 건립된 충민사.
이순신을 모시는 사당 가운데 첫 번째로 세워졌다.

떠난 다음 정미 6백 석으로 노량에서 큰 수륙재를 열고, 제물을 성대히 차려 충민사에서 제사 지냈다.

옥형이란 사람도 또한 승려였는데, 이순신의 군대에 군량미를 공급하는 일을 맡아 꽤 신임을 얻었다. 그는 이순신을 위해 자신이 기여한 것이 없다고 스스로 생각하였다. 그리하여 충민사에 가서 사당을 지키며 날마다 쓸고 닦기를 계속하였다. 그는 죽는 날까지 충민사를 떠나지 않았다.

함열 사람 박기서는 그의 양친이 모두 적에게 죽임을 당하였다. 하지만 자신이 절름발이라서 군대에 들어가 복수하지 못하는 것을 한으로 여겼다. 그는 이순신이 거듭 승리를 거두었다는 소식을 듣고, 장군을 늘 마음으로 공경하고 있었다. 그러던 중 이순신이 세상을 떠났다는 소식을 듣고는 상복을 입고 삼년상을 치렀다. 그는 소상 때나 대상 때나 모두 와서 제사 지냈다.

영남 해변 백성들은 착량鑿粱에 사사로이 이순신을 모시는 초가 사당을 지었다. 그리고 어디로든 출입할 때는 반드시 제사를 지낸다. 착량은 한산도에서 가까운 곳이다.

이운룡이 통제사가 된 다음 민심을 따라 거제에 크게 사당을 지었다. 무릇 전선이 출항할 때마다 반드시 사당에 가서 아뢰었다.

1604년 10월에 임진왜란 때의 공적을 논의하여 상을 내리게 되었을 때, 이순신의 공이 으뜸이었으므로 다음과 같은 벼슬을 추증하였다.

효충장의 적의협력 선무공신 대광보국 숭록대부
의정부 좌의정 겸 영경연사 덕풍부원군
效忠仗義 迪毅協力 宣武功臣 大匡輔國 崇祿大夫
議政府 左議政 兼 領經筵事 德豊府院君

세상을 떠난 이순신의 부모를 비롯한 선조들에게도 은전을 베풀고, 정려문旌閭門을 세워 표창하였다.

1643년에 충무忠武라는 시호를 추증하였다. 부인 상주방씨는 정경부인에 봉하였다. 상주방씨는 보성군수 방진方震의 따님이요, 영동현감 방중규方中規의 손녀이며, 평창군수 방홍지方弘之의 증손녀요, 장사랑將仕郎 홍윤필洪胤弼의 외손녀이다.

이순신은 아들 셋, 딸 하나를 두었다. 장남은 현감縣監 이회李薈요, 둘째는 정랑正郎 이예李䓲다. 막내 이면李葂은 이미 세상을 떠났다. 딸은 선비 홍비洪棐에게 시집갔다. 소실의 소생은 이훈李薰과 이신李藎 아들 둘에 딸 역시 둘이다.

손자는 둘인데, 이지백李之白, 이지석李之晳이요, 하나인 손녀는 윤헌징尹獻徵에게 시집갔다. 외손자는 넷으로 홍우태洪宇泰, 홍우기洪宇紀, 홍우형洪宇逈, 홍진하洪振夏이며, 외손녀는 하나다.

이순신을 다시 불러내는 이유

"대체로 이 충무공의 역사를 보면 넬슨과 같은 것이 많으니, 해전에서의 뛰어난 능력만이 아니라, 세세한 일까지도 같은 것이 많았다. 초년에 이름을 알아주는 이가 많지 않았던 것이 같고, 말단 무관으로 긴 세월 동안 묻혀 있던 것이 같고, 끝내 적의 함대를 쳐부순 후 승전고를 올리고 개선가를 부를 때에 적탄에 맞아 눈을 감은 것도 같고….

그렇지만 저들은 수백 년 동안 열강과 경쟁하던 터라 전쟁에 익숙하였고, 나라 금고에는 억만금의 재화를 쌓아두어 군비에 쓰이도록 하였고, 기계공창에서는 수천 문의 대포를 제조하여 군사작전에 쓰이기를 기다렸으니, 넬슨은 아무런 깊은 책모와 원려 없이 다만 뱃머리에 높이 앉아 휘파람이나 불고 있었을지라도 승리를 거두었을 것이다.

이 충무공은 이와 같지 않았다. 군량이 고갈되었는데 준비하지 않으면 누가 준비하며, 무기가 무디고 낡았는데 제조하지 않으면 누가 그것을 제조하며, 병력이 줄고 쇠잔해졌는데 자신이 모집하지 않으면 누가 모집하며, 배의 운행이 느리고 둔한데 개량하지 않으면 누가 개량할 것인가.

그런데도 한편으로 동료인 원균 같은 자의 시기와 질투를 받았으며, 다른 한편으로는 조정 간신배들의 참소를 당하였다. 넬슨으로 하여금 적병이 나라를 이미 거덜내버린 때를 당하여 이와 같은 곤란을 겪게 하였다면, 과연 성공할 수 있었을까?

급기야 원균이 대패하여 이 충무공이 6,7년을 노심초사하며 길러낸 용맹한 장수와 군졸들이며 군량과 선박을 모두 화염 속에 쓸어넣어 버린 후에, 십여 척 남은 깨진 배와 160여 명의 새로 모집한 군졸로… 바다를 뒤덮을 기세로 밀려오는 수천 척의 적선과 겨루게 되었다.

이순신이 바다를 향하여 한 번 호령하니 물고기와 용이 그의 위엄을 돕고, 하늘과 해가 빛을 잃고, 참담한 도적의 피로 온 바다가 붉게 물들었으니, 이 충무공 외에는 고금의 수많은 명장을 다 둘러 보아도, 이 일을 능히 해낼 자 실로 없을 것이다.

아, 저 넬슨이 비록 무용이 뛰어나다 하나, 만일 오늘날 20세기에 이 충무공과 같이 살고 해상에 풍운이 일어 서로 만나게 된다면, 필경 충무공의 아들뻘이나 손자뻘에 지나지 않을 것이다."

《수군제일위인 이순신전》에 실린 신채호의 글을 다듬은 것이다. 이 글이 발표된 때는 나라가 바람 앞의 등불 같던 1908년이었다. '제2의 이순신'을 고대하는 신채호의 심정이 절절이 묻어난다. 이순신이 아무리 위대하기로소니 당대 세계 최고의 해군 명장 넬슨을 이순신의 아들, 손자뻘이라니, 너무 지나치다 싶은 독자에게는 다음 글을 읽어볼 것을 권한다.

"내가 평생을 두고 경모하는 바다의 장수는 조선의 이순신이다. 이순신 장군은 인격이나 장수의 그릇, 모든 면에서 한 오라기의 비난도 가하기 어려운 명장이다. 호레이쇼 넬슨이 세계적인 명장으로 명성이 높은 것은 누구나 잘 안다. 하지만 넬슨은 인격이나 창의적 천재성에서 도저히 이순신 장군에 필적할 수 없다."

신채호와 거의 동시대를 살면서 일본 해군대학교 교장을 지낸 사토 데쓰타로의 글이다. 임진전쟁에서 이순신에게 치욕적인 수모를 당한 나라 해군 장성의 말이니 좀 더 객관적인 평가에 가까울 수 있겠다.

우리는 아직도 이순신을 제대로 모른다. 신채호의 표현이 당대의 민족적 과제 앞에서 적지않이 감상에 치우친 점도 있다. 그럼에도 불구하고 지금의 동아시아 세계를 되돌아볼 때면, '제2의 이순신'을 목 놓아 기다리던 그의 심정이 이해될 법하다. 일본이 가장 두려워하면서 존경하던 인물은 이순신이었다. 이순신을 다시금 역사의 전면으로 불러내는 이유다.

이순신을 제대로 이해하는 일은 그의 당대에서 시작할 필요가 있다. 최초의 이순신 전기는 그를 가장 곁에서 지켜보고 함께 전장을 누빈 조카 이분이 쓴 《행록》行錄(이후로는 이광수와 박태원의 선례에 따라 《이충무공행록》으로 표기)이다. 이순신 자신이 《난중일기》와 《임진장초》 같은 소중한 기록을 남겼지만, 이분의 《이충무공행록》이 있었기에 우리는 어린 시절과 청년 시절을 포함한 이순신의 전 생애를 복원해 낼 수 있는 것이다. 《이충무공행록》은 이순신에 관계되는 모든 저술의 뿌리이자 젖줄이다.

《이충무공행록》이 집필된 정확한 연도는 알 수 없지만, 임진전쟁 이후 이분의 삶과 그가 1619년에 세상을 떠난 것으로 미루어, 대략 1610년 어름에 쓰인 것으로 유추할 수 있겠다. 뒤이은 이순신에 관한 기록은 최유해의 《행장》行狀과 이식의 《시장》諡狀이다. 1640년대 초에 쓰인 것으로 추정되며, 내용의 유사성을 볼 때 두 기록 모두 《이충무공행록》을 저본으로 하였음이 분명하다.

《이충무공행록》은 이순신의 후손들이 간행한 《충무공가승》忠武公家乘(1715)과 정조 때 규장각에서 편찬한 《이충무공전서》李忠武公全書(1795)에 실려 간행되었다. 인쇄본 《이충무공행록》은 지금은 전하지 않는 초기 필사본에 비해 내용에 다소의 가감이 이루어진 것으로 보인다. 1643년 인조 때 받은 시호 충무忠武에 관한 사항이 들어가 있는 것이 대표적이다.

큰 역사적 가치를 지니고 있음에도 불구하고 《이충무공행록》이 단행본으로 출간된 것은 소설가 박태원의 역주로 1948년 을유문화사에서 나온 게 유일하다. 그 밖에는 여전히 '충무공전집' 속의 한켠을 차지하고 있을 뿐이다.

이순신은 우리 역사에서 가장 뛰어난 인물임에 틀림없다. 오늘의 젊은 독자들이 이순신을 객관적으로 이해하는 데 보탬을 주기 위해 《이충무공행록》을 단행본으로 선보인다. 우리의 목표는 독자들에게 가장 날것으로서의 자료를 풍부히 제공하는 것이다. 그리하여 동시대의 자료들을 연관되는 부분에 덧붙임으로써, 독자의 이해를 돕고 내용을 풍성히 하였다. 이 책은 《이충무공행록》의 한글 번역본이면서 아울러 이순신 관련 전기자료의 집대성이라는 의미를 갖는다.

번역에서 유념한 것은 한 가문의 전기에서 모든 독자가 애독하는 전기로 한 걸음 나아가게 해보자는 것이었다. 등장인물의 표기를 객관적 역사서술이 되도록 한 것은 그 때문이다.

이순신 삶의 발자취

1545년   3월 8일(음) 한양 건천동에서 태어남

1565년   보성군수 방진의 딸 상주방씨와 결혼

1572년   훈련원 별과에서 낙방(시험 도중 말에서 떨어져 실격)

1576년   식년式年 무과에 급제
          함경도 동구비보 권관(종9품)

1579년   훈련원 봉사(종8품)
          충청도 병마절도사 군관

1580년   전라좌수영 관내 발포만호(종4품)

1582년   발포만호에서 파직(서익의 모함)
          훈련원 봉사로 복직

1583년   함경도 남병사 이용 휘하의 군관
          건원보 권관이 되어 여진족 격파
          훈련원 참군(정7품)
          부친 이정 별세(휴직하고 3년상 치름)

1586년   사복시 주부(종6품)
          조산보만호

1587년   두만강 녹둔도 둔전관 겸임
          여진족의 기습을 격퇴하였으나 이일의 무고로 파직되어 백의종군

1588년   여진 시전부락 전투에서 공을 세워 백의종군에서 풀려남
          향리 아산으로 낙향

1589년   전라감사 이광 휘하의 군관 겸 조방장
          임금 호위부대 선전관 임명
          정읍현감(태인현감 겸무)(종6품)

1590년   평안도 고사리진첨사(종3품)와 만포진첨사 임명
          (대간들의 반대로 취소)

1591년	진도군수(종4품) 임명(부임전 가리포첨사로 전임 발령)
	전라좌수사(정3품)(유성룡 추천)
1592년	4월 거북선 완성
	임진전쟁 발발(4월 13일)
	5월 경상도 해역으로 1차출전(옥포해전, 합포해전)
	가선대부(종2품) 임명
	2차출전(사천해전: 5.29)
	6월 당포해전(6.2), 당항포해전(6.5)
	자헌대부(정2품) 임명
	7월 3차출전 한산해전 대승
	정헌대부(정2품) 임명
	안골포해전
	8월 4차출전 부산포해전(9.1)
1593년	2월 5차출전 웅포승첩
	7월 본영을 한산도로 옮김
	8월 삼도수군통제사
	둔전 경영, 조총 개발
1594년	3월 당항포해전
	4월 한산도 진중 무과시험
	9월 장문포해전
	10월 영등포해전
1595년	2월 원균, 충청병사로 전출
1596년	명과 일본의 강화교섭 기간 동안 견내량 방어
	12월 강화교섭 결렬
1597년	1월 정유전쟁 발발
	2월 파직(일본의 반간계 농간)
	원균이 후임 삼도수군통제사가 됨
	3월 한양 의금부 감옥에 투옥

	4월	특사로 풀려나 백의종군
		모친 사망
	7월	삼도수군 칠천량해전에서 대패하고 원균 전사
	8월	삼도수군통제사 재임명
		진도 벽파진으로 진을 옮김
	9월	명량해전 대승(조선군 함선 13척, 일본군 함선 133척)
		셋째 아들 면, 충청도 아산에서 왜군에 살해됨
		당사도로 진을 옮김
	10월	고하도로 진을 옮김
	11월	장흥해전
1598년	2월	고금도로 진을 옮김
	7월	명나라 수군(도독 진린) 이순신 부대에 합류
		절이도해전
	8월	도요토미 히데요시 사망
	9월	조명연합군 순천 왜교성 수륙합동공격
	11월	노량해전(대승을 거두고 이순신 사망)
	12월	일본군 완전 철수, 전쟁 종결
		우의정 추증
1599년	2월	유해를 고금도에서 아산으로 옮겨 안장
1604년		선무공신 1등에 녹훈, 덕풍부원군 좌의정 추증
1641년		충무忠武 시호 받음
1706년		아산에 현충사 건립
1793년		영의정 추증
1795년		《이충무공전서》 발간

이 책에서 인용 소개한 연관자료

유성룡, 《징비록》懲毖錄
이식, 〈시장〉諡狀
최유해 〈행장〉行狀
홍익현, 〈행록〉行錄
이순신 장계 1592.6.14. 1593.8
윤휴, 〈통제사 이충무공 유사遺事〉
《와키자카키》脇坂記
《선묘중흥지》宣廟中興志
이순신, 현덕승에게 보낸 편지(1593.7.16)
이순신, 《난중일기》
〈삼도수군통제사 재임명 교서〉
유성룡, 《난후잡록》
《선조실록》
〈방부인전〉方夫人傳 (《이충무공전서》 권14)

번역 참고도서

이광수, 〈이충무공행록〉, 《동광》, 1931.
이분 원저, 박태원 역주, 《이충무공행록》, 을유문화사, 1948.
이은상 역, 《완역 이충무공전서》 하, 성문각, 1989.
박기봉 편역, 《충무공 이순신 전서》 4, 비봉출판사, 2006.
이순신 지음, 박종평 옮김, 《난중일기》, 글항아리, 2018.

그림과 사진의 출처